Uckermark.

Ein Wegbegleiter

Joachim Nölte
Marc Dannenbaum

In Kooperation mit der
Tourismus Marketing
Uckermark GmbH

Inhalt

Uckermark:
Eine Landschaft lädt ein

Irgendwann läuft jeder mal los. Je früher desto besser. Der eine flaniert, der nächste wandert, ein anderer pilgert, und dann gibt es die, die sind „eben mal weg". Aber wohin? Da gibt es nahe Ziele, ferne Ziele und es gibt die Uckermark. Die ist nah genug, um nicht wertvolle Zeit mit der Anreise zu vertun, und weit genug, um alles Überflüssige hinter sich zu lassen. Wir laden Sie daher ein, auf dem Märkischen Landweg die Uckermark zu entdecken und dabei sich selbst zu finden. Hier gibt es Natur in Hülle und Fülle, eine sanft-hüglige Landschaft, genau richtig zum Entschleunigen. Und irgendwo hier gibt es den Punkt, den man braucht, um zur eigenen Besinnung zu kommen.

Oder suchen Sie gar nicht die Einsamkeit, sondern Begegnungen mit interessanten Menschen, mit Zeugnissen einer wechselvollen Geschichte, mit kulturellen Ereignissen? Dann sind Sie in der Uckermark ebenfalls richtig. Hier, wo Brandenburg, Mecklenburg und Pommern aufeinandertreffen, ging es seit jeher bewegt zu. So bewegt, dass die Grenzen der Uckermark immer neu gezogen wurden. Die Landschaft „Uckermark" geht deutlich über die heutigen Landkreisgrenzen hinaus. Deshalb beschränkt sich dieser Reiseführer nicht auf Verwaltungsgrenzen, sondern schaut auch auf Besonderheiten in der Nachbarschaft.

Dieser Wegbegleiter lädt ein, die Uckermark zu Fuß zu entdecken. Die Naturlandschaft ebenso wie die Städte. Entlang des Märkischen Landweges sowie kreuz und quer durch die Städte.

Weil die Uckermark so groß ist, dass sie bei einem einzigen Besuch kaum zu erkunden ist, haben wir sie für dieses Buch in fünf Regionen unterteilt:
· in den **Nordwesten** mit dem Naturpark Uckermärkische Seen,
· den **Südwesten** mit dem Biosphärenreservat Schorfheide-Chorin,
· den **Südosten** mit dem Nationalpark Unteres Odertal,
· den **Nordosten** mit Entdeckungen entlang der Oder,
· die **Mitte** entlang der Ucker mit der Kreisstadt Prenzlau.

Lassen Sie sich von der Uckermark verführen, kommen Sie mit auf Wege in die Ursprünglichkeit!

Uralte Eiche am Wanderweg
Kleiner Boitzenburger

Reisen in die Uckermark

Afrika liegt in der Uckermark. Wer hätte daran jemals gezweifelt? Und wer es bis Afrika geschafft hat, ahnt bereits, dass es in der Uckermark noch viel mehr zu entdecken gibt als jene kleine Siedlung bei Gerswalde. Schließlich ist das Land zwischen Oberlauf der Havel und Unterlauf der Oder größer als das Saarland, und das ganze Berlin würde locker dreimal in die Ucker-mark passen. Das Klima ist angenehm, eine rasche Erwärmung im Frühjahr, relativ warme Sommer mit viel Sonnenschein und sehr wenig Regen, aber ziem-lich kalte Winter.

In die Uckermark kommen sie alle: die Tages- und Wochenendausflügler aus Berlin, die Kurzurlauber aus Hamburg, die Camper aus dem Ruhrgebiet, die Groß-familien aus Franken zu Ferienwochen auf dem Bau-ernhof und die Fuß-, Rad- und Wasserwanderer selbst von jenseits der Grenzen.

Die Uckermark ist in den vergangenen zwei Jahr-zehnten ein Touristenland geworden. Dafür spricht eine ganze Menge. Zum einen sind die Uckermärker darangegangen, ihre Schätze zu heben. Sie haben außergewöhnliche Landschaften mit ihren Pflanzen und Tieren unter Schutz gestellt, sie haben bis ins Mit-telalter zurückreichende Traditionen wiederbelebt und haben sich etwas einfallen lassen, um den Gästen einen angenehmen Aufenthalt zu bieten. Es entstanden Hotels mit unverstellbarem See- oder Waldblick, Wan-der- und Radwege wurden angelegt, Restaurants bieten regionale Küche aus einheimischen Erzeugnissen. Aber auch Wellnesstempel wie die NaturTherme Templin oder so exotische Besuchermagneten wie eine Western-stadt sind vorhanden. Dabei dreht sich alles um Natur. Natur in allen Verpackungen und für jeden Anspruch.

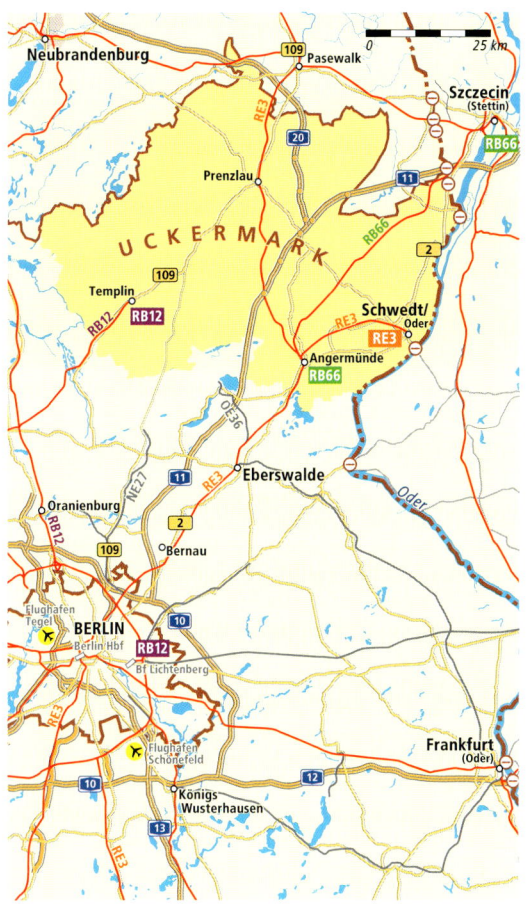

Bahn

Durch die Uckermark führt die Regionalexpress-Linie RE 3 aus dem Süden Brandenburgs über Berlin nach Schwedt/Oder bzw. nach Prenzlau und weiter nach Stralsund. Zwischen Berlin und Angermünde fahren die Züge im 1-Stunden-Takt. Ebenso zwischen Angermünde und Schwedt/Oder. Zwischen Angermünde und Prenzlau besteht ein 2-Stunden-Takt. Eine stündliche Direktverbindung gibt es von Berlin nach Templin mit der Regionalbahn-Linie RB 12. Ein Tor in die Uckermark ist außerdem Fürstenberg/ Havel. Dorthin fährt stündlich der Regionalexpress RE 5. Den Anschluss in Richtung Lychen stellt der Bus 517 her.

Straße

Der direkte Weg für Autofahrer in die Uckermark ist die Autobahn A 11, die bei Bernau vom Berliner Ring in Richtung Norden abzweigt.
Vom Kreuz Uckermark führt die A 11 nach Szczecin und die A 20 an Prenzlau vorbei in Richtung Mecklenburg-Vorpommern.
Wichtige Verbindungen sind auch die B 109 und die L 100 durch die Schorfheide sowie die B 2 in Richtung Oder.

Gäste mit einer weiten Anreise werden zunächst Berlin ansteuern. Von hier aus liegt die Uckermark in nordöstlicher Richtung und ist zwischen 100 und 200 Kilometer entfernt. Wer mit dem Auto kommt, steht vor der Wahl, Berlin zu durchqueren oder auf dem Berliner Ring zu umfahren und dann auf der A11 das Kreuz Uckermark anzusteuern.

Regionalzüge der Bahn erschließen die Uckermark auf der Schiene. Vom Berliner Hauptbahnhof mit seinen zahlreichen ICE-Verbindungen fährt zweistündlich ein Regionalexpress in Richtung Ostsee mit Halt u.a. in Warnitz, Seehausen und Prenzlau.

Eine stündliche Verbindung gibt es über Angermünde nach Schwedt sowie vom Bahnhof Berlin-Lichtenberg nach Templin. Von den Städten führen Buslinien weiter aufs Land.

Blick vom Richterberg bei Stützkow auf die Hohensaaten-Friedrichsthaler-Wasserstraße und das Untere Odertal

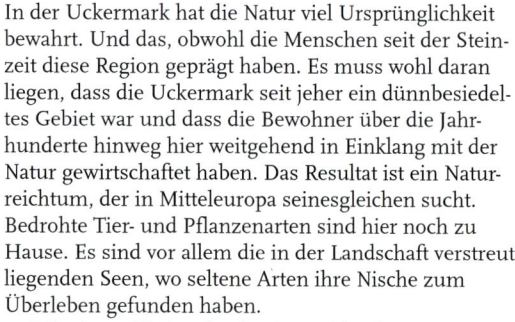

Naturerlebnis Uckermark

In der Uckermark hat die Natur viel Ursprünglichkeit bewahrt. Und das, obwohl die Menschen seit der Steinzeit diese Region geprägt haben. Es muss wohl daran liegen, dass die Uckermark seit jeher ein dünnbesiedeltes Gebiet war und dass die Bewohner über die Jahrhunderte hinweg hier weitgehend in Einklang mit der Natur gewirtschaftet haben. Das Resultat ist ein Naturreichtum, der in Mitteleuropa seinesgleichen sucht. Bedrohte Tier- und Pflanzenarten sind hier noch zu Hause. Es sind vor allem die in der Landschaft verstreut liegenden Seen, wo seltene Arten ihre Nische zum Überleben gefunden haben.

Mit einem Nationalpark, einem Biosphärenreservat und einem Naturpark wird heute auf differenzierte Weise der Natur die Möglichkeit gegeben, sich weitgehend nach ihren Regeln zu entwickeln. Die drei Großschutzgebiete nehmen etwa die Hälfte der Fläche der Uckermark ein. Neben ihrer Schutzfunktion haben sie auch die Aufgabe, den interessierten Naturliebhabern Gelegenheiten zur Beobachtung zu geben. Dafür wurden Aussichtspunkte mit Informationstafeln installiert und werden geführte Fuß- und Wasserwanderungen bzw. Radtouren angeboten.

Einen Gesamtüberblick über das Leben in den Großschutzgebieten bekommt man in den jeweiligen Informationszentren – in Lychen für den Naturpark Uckermärkische Seen, in der Blumberger Mühle für das Biosphärenreservat Schorfheide-Chorin und in Criewen für den Nationalpark Unteres Odertal. Sie bieten Einblicke in die Naturgeschichte der Region, sie führen die Besucher auch in die Zukunft und zeigen, wie es aussieht, wenn sich die Natur ungestört entwickeln kann. Und sie demonstrieren, dass eine solche Entwicklung gerade auch im Interesse des Menschen liegt.

Kleines Natur-Lexikon

Der Nationalpark
Nationalparks sind großräumige naturnahe Landschaften, die vom Menschen nur wenig beeinflusst sind. Hier sollen Ökosysteme mit ihren heimischen Tier- und Pflanzenarten geschützt und eine natürliche Entwicklungsdynamik zugelassen werden. Das Nationalparkgebiet ist in Zonen mit unterschiedlicher Nutzung aufgeteilt. In der Zone 1 soll die Natur sich selbst überlassen bleiben. Eine naturverträgliche Erholung der Gäste ist aber ausdrücklich erwünscht. Nach der Gründung des ersten Nationalparks 1872 in den USA gibt es inzwischen weltweit mehr als 2.000 solcher Großschutzgebiete. Der Nationalpark Unteres Odertal ist unter den 14 deutschen Gebieten der einzige Auen-Nationalpark.

Das Biosphärenreservat
Biosphärenreservate sind großräumige, international bedeutende Landschaften, die ein reiches Natur- und Kulturerbe beherbergen und als Modellregionen zur Entwicklung von Naturschutz innerhalb bewirtschafteter Räume dienen. Umweltbildung und Forschung sind hierbei Pflichtaufgaben. Biosphärenreservate sind in eine Kernzone, Pufferzone und Entwicklungszone gegliedert. Seit 1976 werden diese Gebiete im Rahmen des UNESCO-Programms „man and biosphere" zu einem weltweiten Netz ausgebaut. Gegenwärtig werden über 400 Gebiete durch das Schutzprogramm betreut, davon 14 in Deutschland.

Der Naturpark
Naturparks sind großräumige, landschaftlich reizvolle Kulturlandschaften, die sich besonders für die naturverträgliche Erholung eignen. Hier sollen die Naturschutzziele beispielhaft und flächendeckend mit einer umweltverträglichen Landnutzung und Wirtschaftsentwicklung verbunden werden. Naturparks bestehen zu mehr als 50 Prozent aus Natur- bzw. Landschaftsschutzgebieten. Die Schutzziele, Verbote und unerlaubte Handlungen sind in den Verordnungen der einbezogenen Natur- und Landschaftsschutzgebiete festgelegt. Da es für die Naturparks keine eigene Verordnung gibt, ist die Bekanntmachung nicht mit weiteren Nutzungseinschränkungen verbunden. In Deutschland gibt es derzeit 102 Naturparks.

Wandern in der Uckermark

Wanderflyer in deutscher, englischer und polnischer Sprache können unter www.wandern-uckermark.de heruntergeladen werden.

Auch die Uckermark war im Mittelalter durchwandert von jenen Pilgern auf der Suche nach Gott, die weder körperliche Erschöpfung noch räuberische Wegelagerer fürchteten. Studenten der Europa-Universität Frankfurt (Oder) haben in dem Forschungsprojekt „Der Jakobsweg östlich und westlich der Oder" herausgefunden, dass die Pilger aus Richtung Stettin kamen und entlang der Fernhandelsstraße *via imperii* über Gartz (Oder) und Angermünde in Richtung Berlin und weiter nach Westen wanderten. Santiago de Compostela am äußersten Rand Spaniens war letztlich ihr Ziel.

800 Jahre später ist Wandern wieder eine Massenbewegung. Diesmal nicht von einem allmächtigen Glauben getragen und von einem gemeinsamen Ziel geeint. Aber deshalb nicht weniger ernsthaft und gut vorbereitet. Wenn es vielleicht ein gemeinsames Ziel gibt, dann ist es die Suche nach sich selbst. Ein wichtiges Etappenziel dahin ist die „Entdeckung der Langsamkeit". Ist es ein Zufall, dass der Autor dieses vielgelesenen Romans, Sten Nadolny, in Zehdenick geboren wurde, das immerhin landschaftlich zur Uckermark gezählt wird?

Wandern in der Uckermark – das ist nicht allein der gemütliche Spaziergang. Das ist auch etwas für sportliche Temperamente, egal welchen Alters. Ein dichtes Wegenetz durchzieht die schönsten Gegenden. Über 1.000 Kilometer ausgewiesene Wanderwege gibt es zwischen dem Oberlauf der Havel und dem Unterlauf der Oder. Die besten wurden zu Erlebnistouren verbunden.

Da gibt es auch aus mehreren Etappen bestehende Fernwege, die ein Tagespensum von über 20 Kilometern verlangen. Dabei empfiehlt sich bei längeren Touren eine Wanderkarte oder – noch besser – eine Wegbeschreibung. Die kann man sich bei der Tourismus Marketing Uckermark bestellen. Wegescouts haben Meter für Meter die einzelnen Routen erkundet und bürgen persönlich für die Richtigkeit der Angaben. Die in diesem Buch vorgestellten Wege tragen das höchste Gütesiegel – es sind Qualitätswanderwege. Das heißt, sie verlaufen abseits von Auto- und Radverkehr, weisen keine Hindernisse auf und führen über guten Belag.

Wanderer sollten feste Schuhe, am besten Wanderschuhe, tragen, sollten an wetterfeste Kleidung denken, genügend Flüssigkeit und eine kleine Stärkung dabeihaben. Die zuweilen erheblichen Abstände zwischen den Ansiedlungen garantieren keinesweg Unterschlupf, wenn man ihn braucht. Wer kein Langschläfer ist, nutzt am besten die Morgenstunden für den Abmarsch.

Der Märkische Landweg

Der bekannteste der Wanderwege in der Uckermark ist der zertifizierte Märkische Landweg. Er führt von der Havel bis zur Oder durch alle drei Großschutzgebiete der Uckermark. Er verläuft über 217 Kilometer in zehn Etappen durch die schönsten Gegenden. Zwei Startpunkte hat er: Feldberg und Fürstenberg/Havel. In Lychen vereinen sich beide Wege. Der Weg führt durch den Naturpark Uckermärkische Seen, berührt Templin, streift das Biosphärenreservat Schorfheide-Chorin, führt nach Angermünde, weiter in den Nationalpark

Den Märkischen Landweg markiert ein blaues Kreuz.

Unteres Odertal und stiftet Bekanntschaft mit Schwedt/ Oder. Der Weg ist mit einem blauen Kreuz durchgängig und eindeutig ausgeschildert.

Wir folgen in zehn Kapiteln dieses Buches dem Märkischen Landweg. Außerdem unternehmen wir Stippvisiten zu sehenswerten Orten, die nicht an der Strecke liegen, in einigen Fällen sogar außerhalb des Landkreises. Wir erkunden zu Fuß die historischen Innenstädte der Uckermark.

Radwandern

Die Tourismus Marketing Uckermark hat für besonders beliebte Radwanderwege Wegbeschreibungen herausgegeben. Zu bestellen unter www.tourismus-uckermark.de

Radfahren in der Uckermark, das heißt, gelegentlich kräftig in die Pedale zu treten, um es schon nach einhundert Metern wieder rollen zu lassen. Vielleicht auch entlang der Oder tagelang auf ebener Strecke unterwegs zu sein oder sich am Ende eines Waldweges auf ein erfrischendes Bad im See zu freuen. Die Landschaft der Uckermark ist nicht immer eben, und die Wege sind nicht überall asphaltiert, aber auch Ungeübte brauchen hier keine längere Tour zu scheuen. Und gebirgiges Terrain gibt es zur Genüge, damit Mountainbiker ihren Spaß haben.

Die Uckermark ist „Transitland" für Radfernwege. Der Oder-Neiße-Radweg, einer der beliebtesten Radfernwege Deutschlands, verläuft rund 60 seiner insgesamt 465 Kilometer durch die Uckermark. Der Radweg Berlin – Usedom führt entlang der Uckerseen durch Prenzlau und den Norden der Uckermark. In Zollchow, auf etwa halbem Weg, steht die Berlin-Usedom-BOX, eine moderne Versorgungsstation mit gastronomischem Angebot, sanitären Einrichtungen, touristischen Informationen, Fahrradreparaturservice, Internet usw. Sie ist von Mai bis September täglich geöffnet.

Es gibt aber auch eigene uckermärkische Radweg-Kreationen. So der Uckermärkische Radrundweg. Auf einer Gesamtlänge von 260 Kilometern präsentiert sich hier die Uckermark von all ihren guten Seiten.

Und dann gibt es die kürzeren Touren:
· den Angermünder Eiszeitrundweg durch den Südosten der Uckermark über 26 km,
· die Kranichradtour einmal rund um den Nationalpark Unteres Odertal über 74 km,
· die SeenTour rund um die Uckerseen über 52 km bzw. 25 km (nur Oberuckersee),

- rund um den Lübbesee in der Umgebung von Templin über 20 km.

Tourismusvereine oder auch Hotels bieten geführte Touren und dazu eine Fahrradausleihe an, zum Beispiel:
- „Auf den Spuren der Ketzer" mit Burgen- und Kirchenbesichtigungen (Tourismusverein Angermünde e.V.),
- Radeln durch die Schorfheide um den Döllnsee 11 bis 45 km (Hotel Döllnsee-Schorfheide),
- Radtouren im Boitzenburger Land (Schlosshotel Boitzenburg),
- durch die Zerweliner Heide, Start am Hof Kokurin.

Oder Sie folgen der „Spur der Steine" zwischen Templin und Fürstenwerder. Wie wäre es mit dem Weihnachtsmann-Radweg von Himmelpfort nach Lychen?

Der Uckermärkische Radrundweg kann auch pauschal gebucht werden: pro Tag cirka 30 bis 40 Kilometer auf dem Rad, Besuch aller historischen Innenstädte, 6 x Übernachtung/Frühstück im DZ, 5 x Gepäcktransport; Buchung: Tourismusverein Angermünde e.V. Brüderstraße 20 16278 Angermünde Tel. 03331 297660

Gut ankommen – gut unterkommen

Ob Radwanderer ein Quartier für eine Nacht suchen oder an ihrem Urlaubsort Radausflüge in die Umgebung unternehmen möchten – Bett & Bike bietet die passende Lösung. Vom gehobenen Hotel bis zu Pension oder Ferienzimmer erfüllen alle Gästehäuser mit dem entsprechenden Schild an der Tür die vom ADFC vorgeschriebenen Mindestanforderungen.

Das erwartet Sie in einem „Bett & Bike-Gastbetrieb" (Mindestleistungen): Aufnahme von radfahrenden Gästen auch für nur eine Nacht, sichere Unterbringung des Fahrrads über Nacht, Trockenmöglichkeiten für nasse Kleidung, Werkzeug für kleinere Reparaturen am Rad, Informationsmaterial wie regionale Radwanderkarten sowie Bus- und Bahnfahrpläne. Außerdem werden gelegentlich geführte Radwanderungen angeboten.

Wasserwandern

Die Uckermark bietet das ideale Terrain für Kanuwanderer. Sie hat sehr viele Gewässer – aber nur wenige große, die auch für Motorbootfahrer interessant sind. Die meisten der kleinen Seen sind durch Fließe und Kanäle miteinander verbunden, in denen nur mit Kanus ein Durchkommen möglich ist. Und selbst dann sollte man gelegentlich bei Brückendurchfahrten den Kopf einziehen.

Auch das Flüsschen, das Namensgeber der Uckermark ist, lädt Wasserwanderer ein. Von der südlichsten Spitze des Oberuckersees aus sind es bis Prenzlau 19,5 Kilometer, danach bis Ueckermünde am Stettiner Haff 64 Kilometer. Die Ucker ist im Prinzip selbst für Anfänger befahrbar. Vorsicht ist allerdings bei Wind auf dem Oberuckersee und dem Unteruckersee geboten. Es gibt auch einige Gefällestrecken, die vorsichtige Paddler lieber umtragen.

Anziehungspunkt für Kanuwanderer ist ferner im Unteren Odertal das Zwischenstromland zwischen Stromoder und Hohensaaten-Friedrichsthaler-Wasserstraße. Dieses eingedeichte Gebiet ist von zahlreichen Altwässern der Oder durchzogen, die bei einer Kanutour einmalige Eindrücke vermitteln. Die hohe Artenvielfalt an seltenen Pflanzen und Tieren verspricht dem Besucher zahlreiche Naturerlebnisse der besonderen Art. Auskunft über geführte Touren zwischen 7 und 11 Kilometer Länge, die von sachkundigen Natur- und Landschaftsführern begleitet werden, geben die jeweiligen Tourismusvereine.

Ein wahres Paddlerparadies ist das Gebiet des Naturparks Uckermärkische Seen im Dreieck zwischen Templin, Feldberg und Boitzenburg. Mittendrin liegt die alte Flößerstadt Lychen – der ideale Ausgangspunkt für

Der aktuelle Flyer „Wasserreich Uckermark" kann unter www.tourismus-uckemark.de heruntergeladen werden.

Der Lohn der Anstrengungen sind unvergessliche Natureindrücke.

Ausflüge auf dem Wasser. Mitten in der Stadt gibt es eine Ausleihstation für (fast) alle Arten von Wasserfahrzeugen, auch Flöße.

Sehr beliebt ist die Kanurundtour Lychen – Templin – Lychen. Als Kenner des Gewässernetzes haben die Betreiber jede Menge Tipps für ein- und mehrtägige Touren. Und für alle, die es mögen, sogar ins Unbekannte. Öffentliche Floßfahrten finden übrigens zwischen April bis Oktober statt.

Wandern auch ohne Muskelkraft

Mancher mag es gemütlicher und setzt sich lieber auf das Sonnendeck eines Fahrgastschiffes, um sich über die Uckermärkischen Seen schippern zu lassen. Bitte, dem sei geholfen. Von allen größeren Orten der Uckermark aus stechen Schiffe in See – modern oder nostalgisch. Aber in jedem Fall haben die Passagiere die Auswahl zwischen einem behaglichen Platz unter Deck oder einem Ausguck auf dem Oberdeck.

Von Prenzlau sticht „Onkel Albert" in Richtung Warnitz in See und durchquert zwischen den beiden Uckerseen eins der größten zusammenhängenden Schilfgebiete Deutschlands.

In Templin startet im Sommer die nostalgische „Uckerperle" dreimal täglich zu einer Rundfahrt auf dem Röddelinsee.

In Schwedt legt die „Uckermark" ab. Ihre Ziele sind die Oder aufwärts z.B. Stolpe und Oderberg bzw. die Oder abwärts Szczecin.

Von Oderberg geht es durch Kanäle und die Oder bis nach Stolpe – mit ausreichend Aufenthalt zum Besuch des „Grützpotts".

Die Reederei Peters bietet die Fahrt auf der Oder von Mescherin nach Szczecin an. Der Weg führt vorbei an der Salvey-Mühle und Tantow.

Das müssen Sie erleben:
3 x Top-10 der Uckermark

Natur

1. Der „Tiergarten" in Boitzenburg
2. Eine Floßfahrt in Lychen
3. Ein Gang über den Barfußpfad in der Blumberger Mühle
4. Eine Wanderung durch die Buchenwälder in der Schorfheide
5. Eine Schiffsfahrt über die beiden Uckerseen
6. Ein Tag auf der Draisinestrecke zwischen Lychen und Templin
7. Das Strandbad am Wolletzsee
8. Der Radweg auf dem Oderdamm (Teil des Oder-Neiße-Radwegs)
9. Der Blick vom Stolper Turm auf die Oderauen
10. Die Wanderung auf dem Märkischen Landweg

Kultur

1. Die Marienkirche in Prenzlau
2. Die Stadtmauer in Templin
3. Die Skulpturenpromenade am Mündesee in Angermünde
4. Die Glashütte in Annenwalde
5. Schloss, Kirche und Klostermühle in Boitzenburg
6. Das jüdische Ritualbad (Mikwe) in Schwedt/Oder
7. Das Heimatmuseum in Fürstenwerder
8. Der Schlosspark in Criewen
9. Das Tabakmuseum in Vierraden
10. Das Dominikanerkloster in Prenzlau

Erlebnisse

1. Die Parkfestspiele in Schwedt/Oder
2. Der Kultursommer in Prenzlau
3. Der Tag des offenen Ateliers in der Uckermark
4. Die Annenwalder Jungweinprobe
5. Die Uckermärkischen Musikwochen
6. Die Wasserspiele in Templin
7. Das Flößerfest in Lychen
8. Die Nudlwochen in der Uckermark
9. Das Tabakfest in Vierraden
10. Indianertreffen in der Westernstadt EL DORADO

Auswahl und Reihenfolge der Top-10 erfolgte durch die Autoren und stellen keine offizielle Wertung dar.

Der Nordwesten

auf dem Märkischen Landweg
zwischen Feldberg und Templin
mit Stadtspaziergang in Lychen
und Stippvisiten in Boitzenburg
sowie Fürstenwerder

Im Land der Seeadler

Natur sollte man nicht nur sehen, sondern auch riechen, hören und fühlen. Manchmal auch schmecken. In der Uckermark ist das ganz einfach, denn hier öffnet sich die Seele, hier schärfen sich alle Sinne. Die Wanderung auf dem Märkischen Landweg bietet weite Blicke übers Land, den Duft des Waldes und das Rufen der Kraniche. Dazu die angenehme Aussicht, nach langer Wanderung die Beine auszustrecken und ein einheimisches Gericht zu genießen.

Die Wanderung beginnt in Feldberg. Das Städtchen liegt in Mecklenburg-Vorpommern, ist aber seit jeher ein Tor zur

Uckermark. Auf diesem ersten Abschnitt führt der Weg durch ein reiches Seengebiet, in dem nur jene Gewässer gezählt werden, die mehr als einen Hektar Fläche aufweisen. Ihre Wasserqualität gilt als besonders gut. Die sich zwischen den Seen schlängelnden Fließe und Kanäle sind nichts für Motor- oder Segelboote – ideal aber für Kanufahrer und Wasserwanderer.

Wir gönnen uns Abstecher nach Boitzenburg und Fürstenwerder. Wir besuchen das ebenso riesige wie romantische Schloss derer von Arnim, jenem Adelsgeschlecht, das über Jahrhunderte hin-

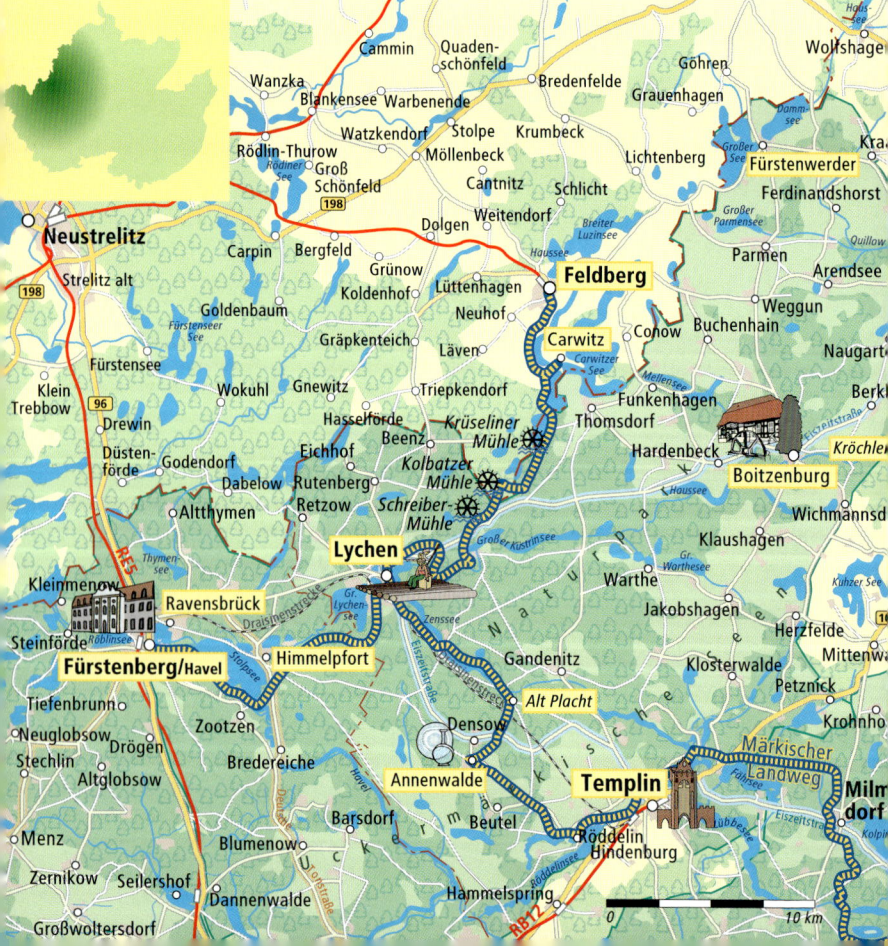

weg der Uckermark ihren Stempel aufdrückte. Der Ort besitzt mit dem Kleinen und dem Großen Boitzenburger zwei Wanderwege, die gemeinsam 2009 den Titel „Schönster Wanderweg Deutschlands" verliehen bekamen. Wir werden nachschauen, ob sie diesen verpflichtenden Titel verdient haben.

Der Märkische Landweg hat noch einen zweiten Einstieg, ebenfalls außerhalb des Landkreises. Wir sehen uns also in Fürstenberg und im Weihnachtsmann-Ort Himmelpfort um, bevor wir das Lychener Seenkreuz erreichen. Dann wartet eine der interessantesten Etappen des Märkischen Landweges auf uns, die von Lychen nach Templin.

Der Nordwesten der Uckermark wirkt ursprünglich und urwüchsig. Dennoch ist auch dieser Teil der Uckermark uralte Kulturlandschaft.

Als vor rund 800 Jahren die Zisterzienser aus dem Westen Europas in die Gegend kamen, brachten sie reiches Wissen mit: wunderbare Bauwerke zu schaffen, die Landwirtschaft ertragreicher zu gestalten, Mühlen mit Wasserkraft zu betreiben, den Pflanzen Heilkräfte abzugewinnen und vieles mehr. Auf Zeugnisse dieser Leistungen werden wir mehrfach stoßen. Die Verwaltung des Naturparks Uckermärkische Seen tut viel dafür, das Wechselspiel von Natur- und Kulturlandschaft zu bewahren.

Der Naturpark Uckermärkische Seen

Der rund 900 Quadratkilometer große Naturpark Uckermärkische Seen schützt eine der reizvollsten Kulturlandschaften im Nordosten Brandenburgs. Typisch sind die vielen Seen, Sölle und Moore inmitten einer lebhaften Hügellandschaft. Die Hälfte des Naturparks nehmen Wälder ein. Aber auch zahlreiche Gewässer gibt es hier: Über 230 Seen mit Flächen über einem Hektar bedecken etwa 7 Prozent des Naturparks. In einigen Seen beträgt die Sichttiefe fünf Meter und mehr. Es sind Klarwasserseen. Viele der Gewässer sind durch rund 150 Kilometer Wasserwanderwege miteinander verbunden, nicht selten sind sie allein den Kanutouristen vorbehalten.

Das Wappentier des Naturparks ist der Fischadler, der mit über 30 Brutpaaren hier in ungewöhnlicher Dichte lebt. Ebenso sind hier Weißstorch, Kranich, Fischotter und Biber zu Hause. 1200 Pflanzenarten, zum Teil sehr gefährdete, haben sich angesiedelt. Darunter allein 15 Orchideenarten. Sie alle zeugen vom ungewöhnlichen Naturreichtum dieser Region.

Die schwungvolle Hügellandschaft verdanken wir der Eiszeit, die vor rund 15.000 Jahren zu Ende ging. Die bis zu 300 Meter hohen Gletscher leisteten ganze Arbeit und formten schleifend die Landschaft bis an die Südgrenze der heutigen Uckermark. Sie brachten Sand, Geröll und riesige Felsbrocken mit aus Skandinavien. Orte, an denen das Wirken der Naturgewalten noch gut zu sehen ist, wurden zur Märkischen Eiszeitstraße verbunden.

So urwüchsig sich die Natur auch zeigt – seit der Steinzeit haben Menschen hier Spuren hinterlassen: Wälder gerodet, Sümpfe trockengelegt, Bäche umgeleitet. Das alles, um Lebensraum zu gewinnen. Daher sind in der Naturparkregion zahlreiche Zeugnisse beeindruckender Kulturleistungen aus früheren Zeiten zu finden: Klöster, Mühlen und imposante Feldsteinbauten.

Besucherzentrum Naturpark Uckermärkische Seen
Zehdenicker Straße 1, 17279 Lychen, Tel. 039888 64530
www.naturpark-uckermaerkische-seen.de

Carla Kniestedt, Moderatorin:
Hauptgewinn: eine lange Weile

In der Uckermark wohnt sie, in Brandenburg und Berlin findet sie ihre Themen: die Fernsehjournalistin Carla Kniestedt. Sie wurde bekannt als wortgewandte Moderatorin von Streitgesprächen und geht seit 2003 auf Tour, um Menschen, Landschaften und Geschichten in Brandenburg und Berlin aufzustöbern. Für das Fernsehen pilgerte sie drei Tage lang die 150 Kilometer auf dem Jakobsweg von Berlin nach Bad Wilsnack.

Ich möchte mit Ihnen über die Uckermark sprechen …

… prima, ich bin überzeugte Uckermärkerin.

Überzeugte, also keine gebürtige?

Ist das wichtig? Geboren wurde ich in Leipzig. Aber schon als Kind fuhren meine Eltern mit mir in die Uckermark. Manche Paddeltour begann schon morgens um 4.30 Uhr. Das war für mich das Land der Freiheit, wo ich auf Bäume klettern, Hühner aufscheuchen und im Sommer stundenlang baden konnte. Inzwischen wohne ich in der Uckermark. Ich gehöre somit zur wachsenden Schar der Großstädter, die in der Stadt arbeiten und auf dem Land leben.

Also auf der Suche nach der heilen Welt?

Ich bin nicht in die Uckermark gezogen mit der Vorstellung, dass dort die Welt noch in Ordnung ist. Meine Kartoffeln werde ich auch in Zukunft nicht selber anbauen. Was mich hierherzieht? Ich erlebe einfach gerne diese weite Landschaft, die eben nicht nur flach ist und viel, viel Wasser besitzt. Es ist die Ursprünglichkeit, das Natürliche, das den großen Reiz der Landschaft ausmacht: Den Wechsel der Jahreszeiten kann man hier sehen, fühlen und schmecken. Hier führen die Wege nicht über Beton und Stein, sondern über Sand und Waldboden.

Wie viele gefühlte Kilometer liegen Ihr Wohn- und Arbeitsort auseinander?

Das ist relativ. Wenn ich mich abends erst in die Bahn und für die letzten Kilometer ins Auto setze und nach einer Stunde angekommen bin, kann die Distanz ziemlich kurz sein. Dann aber, zwischen meinen Wäldern und Seen, ist die hektische Metropole ganz weit weg. Sehr, sehr weit …

Sie kommen viel in Brandenburg herum. Warum hat die Uckermark etwas Besonderes für Sie?

Es gibt viele schöne Gegenden in Brandenburg. Und über das Schild an manchen Straßen „Uckermark – jetzt wird es schön" kann ich gar nicht lachen. Aber trotzdem, ich habe nun mal die Uckermark ins Herz geschlossen. Für mich ist sie einfach die allerschönste. Das ist die Landschaft, an der ich mich nicht sattsehen kann, in der ich die Weite förmlich spüre und wo ich in die Ruhe hineinlauschen kann. Zeit hat hier eine andere Bedeutung.

Keine Angst vor Langeweile?

Hier passiert nicht alle fünf Minuten etwas anderes, aber das ist gut so! Das Wort Langeweile bekommt eine neue Bedeutung: lange Weile – ganz viel Zeit für mich. Das ist doch ein riesiger Gewinn! Allein schon die guten Bücher, die ich hier gelesen habe …

*Aber vermissen Sie nicht auch so manches –
Kultur zum Beispiel?*

Klar, ich vermisse, dass ich nicht wie in
Berlin Abend für Abend 200 Kulturver-
anstaltungen besuchen könnte! Aber wer
kann das schon? Mal im Ernst: Haben
Sie eine Ahnung, was in der Uckermark
kulturell los ist? Ich meine dabei noch
nicht einmal in erster Linie die wirklich
rührigen Uckermärkischen Bühnen
Schwedt. Vielmehr denke ich an die vielen kleinen Initiativen und Projekte, bei
denen sich meist auch noch Kultur und
Natur vereinen. Zum Beispiel beim
Ensemble Quillo in ihrer „Kammerphil-
harmonie Uckermark" in Falkenhagen.
Wer von denen, die sich hier moderne
Klassik anhören, würde wohl einen piek-
feinen Konzertsaal betreten? Oder denken Sie an die vielen Ateliers, die sich
regelmäßig für Besucher öffnen!

*Die letzte Frage: Was ist Ihr Lieblingsort in
der Uckermark?*

Sind Sie einverstanden, wenn ich den
noch eine Weile für mich behalte?
Aber dafür möchte ich von einem Ort
mit einer schwierigen Geschichte berichten. Es sind die ehemaligen Heilstätten
in Hohenlychen – heute ein imposanter
Ort des Verfalls. Man ahnt noch die
Herrlichkeit der Kaiserzeit, als sich
Lychen als Luftkurort einen Namen
machte. Das Sanatorium hieß in Anleh-
nung an den Roman von Thomas Mann
„Märkischer Zauberberg". Entgegen
dem Vorbild in Davos war es aber auch
für sozial Schwache da. Nach 1933 wurden dort zunächst die jüdischen Ärzte
vertrieben, dann rückten „Mediziner"
ein, die im nahen Ravensbrück Experi-
mente an Menschen anstellten. Der
Hauptverantwortliche wurde dafür zum
Tode verurteilt. Nach 1945 war das Sanatorium sowjetisches Militärlazarett, nun
verfällt es. Ein Haus, das viel über deutsche Geschichte erzählen kann. Immer
wenn ich es sehe, frage ich mich, was es
mir heute erzählt.

Auf dem Märkischen Landweg, 1. Etappe:

Von Feldberg bis zur Schreiber-Mühle

✖ Märkischer Landweg
1. Etappe:
15,2 Kilometer,
rund 6 Stunden

Touristinformation Feldberg
Strelitzer Straße 42
Ortsteil Feldberg
17258 Feldberger
Seenlandschaft
www.feldberger-
seenlandschaft.de

*Das „Alte Zollhaus" am Luzinsee
vor den Toren von Feldberg*

Feldberg ist ein idyllisches Städtchen, dessen Straßen sich zwischen Hügeln schlängeln. Vom Kirchberg aus oder von einem der anderen „Berge" rund um den Ort bietet sich ein weiter Blick ins Land, von wellenförmigen Erhebungen und tiefen Seen geprägt. Einfach schön, wohin das Auge blickt. Nicht selten wird die nördliche Uckermark mit der Toskana verglichen. Ob dieser Vergleich stimmt, mag jeder selbst entscheiden. Der Märkische Landweg wird es zeigen. Der Weg entlang des Schmalen Luzin und weiter am Dreetz- und Krüselinsee bildet den stimmungsvollen Einstieg in ein Stück Uckermark, das wie Balsam auf die Seele wirkt.

Der Weg folgt unmittelbar dem Ufer, oder er verbirgt sich unter riesigen alten Bäumen, die oft ein geschlossenes Dach bilden. Entlang der naturbelassenen Wege trifft der Wanderer häufig auf kleine Badestellen. Am Südende des Schmalen Luzin kündet die auf einem Hügel thronende Holländermühle, der allerdings die Flügel abhanden gekommen sind, Carwitz an. Nicht weit entfernt befindet sich ein Badestrand. An sonnigen Wochenenden erlebt Carwitz einen regelrechten Besucheransturm. Die schmucken Bauernhäuser an der Dorfstraße sind bereits Sehenswürdigkeit genug. Gelegenheit zur Rast gibt es ausreichend.

Zu Besuch bei Fallada in Carwitz

„Ich weiß ein Haus am Wasser" – so beschreibt Hans Fallada sein Refugium in Carwitz. Der Autor, der mit Werken wie „Wer einmal aus dem Blechnapf frißt" oder „Kleiner Mann, was nun?" weltberühmt wurde, lebte während der Jahre der Nazizeit hier an der Grenze von Mecklenburg zu Brandenburg.

Falladas Haus liegt am Ende des Ortes. Auf dem Weg dorthin kommt man vorbei am Friedhof mit dem **Grab Falladas** und dann an einem Spielplatz, auf dem die Kinder die Figuren aus Falladas „Geschichten aus der Murkelei" wiedertreffen können. Der Weg führt mehr und mehr hinein in die uckermärkische Abgeschiedenheit.

Dem **Wohnhaus des Dichters** sieht man das ursprüngliche bäuerliche Anwesen deutlich an. Es ist mit dem großen Garten direkt am Wasser höchstwahrscheinlich das mit der schönsten Lage. Alte Bäume spenden Schatten, vor der Veranda wachsen bunt die Sommerblumen und in der Luft liegt das Summen emsiger Honigsammler. Als Fallada in den Kriegsjahren vom Schreiben nicht mehr leben konnte, wurde er zum kundigen Imker.

Die Nazis hielten ein waches Auge auf Carwitz. Aber Fallada entzog sich ihnen und schrieb eher Unterhaltsam-Harmloses. Hier entstanden viele seiner Romane – zum Teil in Phasen regelrechter Schreibwut in nur wenigen Tagen. Heute ist sein Wohn- und Arbeitshaus ein interessant gestaltetes kleines Museum, das Einblicke in das Leben und das Werk von Hans Fallada gibt. Erzählt wird auch von seinem tragischen Tod mitten im Neubeginn in der Nachkriegszeit.

In der Zeit in Carwitz schrieb Fallada vor allem unterhaltende Literatur, u.a. die Beschreibung seines Alltags unter dem Titel „Heute bei uns zu Haus".

Hans Fallada, eigentlich Rudolf Ditzen, wurde am 21.7.1893 in Greifswald geboren und starb am 5.2.1947 in Berlin; in Carwitz schrieb er 16 Werke unterschiedlicher Genres.

Hans-Fallada-Museum
Zum Bohnenwerder 2
17258 Feldberger
Seenlandschaft
Tel./Fax 039831 20359
www.fallada.de

Das Bienenhaus im Garten ist noch weitgehend im Original erhalten.

Vor der Terrasse des Hauses pflanzte Falladas Frau Anna das „Dreiecksbeet".

Die Seenlandschaft bei Feldberg

Krüseliner Mühle
17258 Feldberger
Seenlandschaft
Tel. 039820 30440
www.krueseliner-muehle.de

Kolbatzer Mühle
17279 Lychen
Tel. 039888 52593
www.kolbatzer-muehle.de

Schreiber-Mühle
17279 Lychen
Tel. 039888 49873
www.schreibermuehle.de

Drei Mühlen am Stück

Auf dem ersten Blick ist der Krüselinsee ein See, wie es ihn in der Uckermark an vielen Stellen gibt. Still, dicht von Bäumen umstanden und selten nur ein Mensch zu sehen. Aber dieser See ist unter der Erdoberfläche mit dem benachbarten Dreetzsee verbunden, der fast zehn Meter höher liegt und sich unterirdisch in den Krüselinsee ergießt. Das sorgt dafür, dass Letzterer einer der saubersten Seen weit und breit ist und eine Sicht bis zu zwölf Metern zulässt.

Die ständig nachlaufenden Wassermengen machten zu früheren Zeiten den Betrieb einer Mühle möglich, der **Krüseliner Mühle**. Sie liegt am südlichen Ende des Sees und kann auf eine Geschichte von weit über 700 Jahren zurückblicken. Die Bauern von Feldberg ließen hier ihr Korn mahlen. Aber nicht nur Mehl wurde produziert, ein Sägegatter half bei der Weiterverarbeitung der Bäume aus den umliegenden Wäldern. Die Mühle arbeitete bis in die 1950er Jahre hinein. Heute ist sie

Zum Gebäude-Ensemble der Krüseliner Mühle gehört dieses märchenhafte Fachwerkhaus.

ein beliebtes Ausflugslokal mit Übernachtungsmöglichkeiten und Sauna. Nach Absprache können hier auch Zelte aufgestellt werden. Als kräftigende Mahlzeit empfiehlt sich eine Wels-Zander-Aal-Platte. Nur anderthalb Kilometer entfernt von der Krüseliner Mühle liegt – genauso einsam – das Gehöft Am Aalkasten. Die Gewässer im Nordwesten der Uckermark zeichnen sich bis in unsere Zeit durch ihren reichen Fischbestand aus – kein Wunder also, dass hier heute noch gern geangelt wird.

Die Feldberger Wasserstraße, die die Mecklenburger Seenplatte mit Brandenburg verbindet, ist ein Traum für Paddler, und die wiederum sind gut in der **Kolbatzer Mühle** aufgehoben. Von der Mühle ist zwar nicht mehr viel zu sehen, dafür lässt sich hier bei einfacher und deftiger Küche gut ausruhen, das Plätschern des Bachs ist im Preis inbegriffen.

Langstreckenwanderer und -paddler finden in herkömmlichen Ferienwohnungen oder auf einem Floß, in einer Erdhöhle oder in einer Biwakhütte fast jede denkbare Schlafgelegenheit. Dieses außergewöhnliche Angebot hat übrigens dafür gesorgt, dass die Kolbatzer Mühle mit dem Tourismuspreis der Uckermark ausgezeichnet wurde.

Die **Schreiber-Mühle** ist ein weiterer Ort der Einkehr und nur wenig mehr als einen Kilometer entfernt von der Kolbatzer Mühle, aber schon deshalb etwas anderes, weil es sich hier um einen Ferien- und Reiterhof handelt – mit eigenen Pferden, eigener Zucht und vielen Angeboten rund um das Reiten. Die Schreiber-Mühle war in den 1920er Jahren ein Heim für traumatisiert heimgekehrte Kriegsgefangene, die hier in der uckermärkischen Abgeschiedenheit lernten, ihr Leben wieder selbst zu organisieren.

Das Halfter zu tragen bedarf wohl noch ein wenig Übung – eine nette Begrüßung kurz vor der Kolbatzer Mühle.

Die Schreiber-Mühle ist eng mit dem Namen Elsa Brandström verbunden, denn sie betrieb hier in den 1920er Jahren ein Genesungsheim. Die schwedische Philanthropin setzte sich während des Ersten Weltkrieges für Kriegsgefangene in Russland ein. Sie wurde als „Engel von Sibirien" bekannt. In aller Welt sammelte sie Hilfsgelder für ihre Projekte.

Glasklares Wasser und herrliche Stille – der Wald beim Gehöft Am Aalkasten

Abstecher nach Boitzenburg und Fürstenwerder:
Von Rittern, Nonnen und Müllern

Schloss Boitzenburg
Templiner Straße 13
17268 Boitzenburger Land
Tel. 039889 5093-0
www.schloss-boitzenburg.de
www.marstall-boitzenburg.de

*Der Apollo-Tempel hoch über
dem Schloss*

Boitzenburger Merkwürdigkeiten

Das **Schloss Boitzenburg** ist unvergleichlich. Und selbst der gelegentliche nette Versuch, es mit dem bayerischen Märchenschloss Neuschwanstein zu vergleichen, geht völlig daneben: Jenes ist eine glatte historische Fälschung, die Boitzenburg ist echt. Sie ist Jahrhunderte alt und allmählich zu einem imposanten Bauwerk gewachsen, von dem man nicht glauben mag, dass es in der Uckermark steht. Jedenfalls findet sich auch im weiteren Umkreis kein ähnliches Schloss.

Die Anlage stammt aus einer Zeit, als die Uckermark noch Grenzland zu Pommern und Mecklenburg war. Ursprünglich war sie eine Wasserburg, eine Grenzfestung, die mehrfach den Besitzer wechselte. Aber immer häufiger taucht in den Annalen der Name Arnim auf, ein altes Adelsgeschlecht aus dem Norden Brandenburgs. 1528 konnte Hans von Arnim das Anwesen sein Eigen nennen. Aus der Burg wurde nach und nach ein Schloss – erst im Stil der Renaissance, später des Barock. Geld spielte keine Rolle, denn die Arnims zählten zu den größten Grundbesitzern in der Mark Brandenburg. An ihrem Schloss ließen sie von bedeutenden Architekten und Landschaftsplanern im Geschmack der Zeit immer weiterbauen, bis sich ein architektonischer Kreis schloss: Was als Renaissance begann, endete in der Neorenaissance. Heute steht das Wunderwerk nach jahrelanger Sanierung wie neu vor uns. Der eine ist hingerissen, der andere schüttelt den Kopf. Was die Schönheit des Schlossparks beim Blick von der Caféterrasse hinunter zum Küchenteich betrifft, sind sich dann alle wieder einig. Schließlich verrät der Park schnell die Handschrift des großen Gartenkünstlers Peter Joseph Lenné.

Kurz, wer Schloss Boitzenburg nicht gesehen hat, hat etwas verpasst. Heute ist es ein Jugendhotel. Hierher kommen Familien und Schulklassen, weil es in der Umgebung viel zu erleben gibt. Ein kleines Museum im Schlosskeller erzählt von der wechselvollen Geschichte der Boitzenburg. Gleich neben dem Schloss scheinen sich in einem kleinen Tiergehege Bergziegen ganz wohl zu fühlen. Ein paar Meter Steigung haben sie hier immerhin.

Die Familie derer von Arnim gehört zu den Adelsgeschlechtern, die bereits bei der Besiedlung Brandenburgs eine Rolle spielten. Aus ihr gingen Feldherren, hohe Beamte, Diplomaten, aber auch Wissenschaftler und Dichter hervor. Der bekannteste Spross der Familie ist der romantische Dichter Achim von Arnim, der Mann an der Seite Bettina von Arnims.

Jenseits der Straße steht der frühere Marstall des Schlosses. Er bot Platz nicht nur für Pferdeboxen, auch eine ganze Reithalle beherbergte er. Heute haben hier eine Chocolaterie, eine Konditorei und eine Kaffeerösterei ihr Domizil. In der Mischung ergeben die drei die köstliche Versuchung zu einer kleinen Pause.

Hier beginnt der erste Abschnitt des **Kleinen Boitzenburgers**. Das ist ein rund zehn Kilometer langer, mit einem gelben Punkt gekennzeichneter Rundwanderweg, der – genau genommen – zwei Rundwege zusammenführt und somit einer 8 gleicht. Er führt vorbei am Erbbegräbnis derer von Arnim, am **Apollo-Tempel** mit einer herrlichen Sicht auf das Schloss, dann weiter zum Krienkowsee und wieder bergab zur Badestelle am Schumellensee. Und – wir sind in der Uckermark! – dann wieder bergan zum Fasanengarten. Unter riesigen alten Eichen und Buchen geht es zurück zum Küchenteich des Schlosses.

Einst standen Kutschen wie diese im Inneren des Boitzenburger Marstalls.

Die Kirche St. Marien auf dem Berge ist umgeben von historischen Fachwerkhäusern.

Eine kleine Wanderung durch Boitzenburg führt zunächst zur **Kirche St. Marien auf dem Berge**. Der ungewöhnliche Name ist hier absolut zutreffend. Erst eine Anhöhe und dann der 40 Meter hohe Turm mit dem barocken Abschluss – das verleiht der Kirche etwas Südländisches. Die Wetterfahne trägt die Inschrift „A.W.v.A." – da sind sie wieder, die von Arnims! Die Kirche wird derzeit nach und nach saniert. Die Restaurierung des Turms ist abgeschlossen, man kann sich hinaufwagen. Von außen erscheint der Grundriss der Kirche wie ein Kreuz, innen ist es eine einfache Saalkirche mit späteren Anbauten. Von Mai bis Oktober ist sie täglich geöffnet.

An ein paar schönen Kolonistenhäusern vorbei führt der Weg weiter in Richtung Klostermühle. Ein Sammelsurium der verschiedensten Häuser am Weg zeigt, dass sich der Ort nie so richtig entscheiden konnte, ob er Dorf bleiben oder zur Kleinstadt aufsteigen wollte.

Im Boitzenburger Tiergarten

Ein hölzerner Wisentkopf zeigt an: Wir befinden uns im Boitzenburger Tiergarten. Der Eingang zum Tiergarten ist zugleich der Einstieg in den zweiten Abschnitt des Kleinen Boitzenburgers. Der Wanderweg fordert zur Entscheidung: den kurzen Weg über 1,4 Kilometer oder doch den langen Weg über 2,3 Kilometer? Wer sich für die kurze Variante entscheidet, kommt über die Krebsbrücke, verpasst aber den Verlobungsstein, einen beachtlichen Findling.

Auf beiden Wegen erlebt der Wanderer einen wahren Märchenwald: jahrhundertealte Eichen, Buchen und Fichten, knorriges Totholz, es raschelt, summt und pfeift überall. Der Weg ist nicht zu verfehlen, die klare Ausschilderung gibt stets Orientierung. Hier wundert es nicht, dass 2009 der „doppelte Boitzenburger" zum schönsten deutschen Wanderweg des Jahres erkoren wurde.

Ab und zu gibt es eine Naturerklärung. Zum Beispiel „Die Vogeluhr", die anzeigt, wann welcher Singvogel morgens sein Lied anstimmt. Wir erfahren auch, dass es bis zur Einführung der Kartoffel üblich war, Schweine und Rinder in den Wald zu treiben, damit sie sich an Eicheln, Bucheckern und Kräutern sattfraßen. Dabei wurde allerdings auch so mancher Baumpflanzling zermalmt. Das Ergebnis waren Wälder mit geringem Unterholz, aber mit weit ausladenden Kronen – eben Baumriesen. Wer aufmerksam hinschaut, findet neben mancher alten Eiche ein Gitter um einen jungen Baum. Der Nachwuchs wird hier pfleglichst gefördert.

Ein Stück abseits des Weges liegt der **Hexenstein**, einst ein Aussichtspunkt in Richtung Schloss, heute jedoch ist alles zugewachsen. Am **Jägerplatz** teilen sich der kürzere und der längere Weg. Erst kurz vor der „Ältesten Eiche" treffen sich beide wieder. Leider verrät das Schild neben dem Naturdenkmal das wahre Alter der Eiche nicht.

Ein hölzerner Wisentkopf erinnert daran, dass im Boitzenburger Tiergarten bis 1945 eine Herde dieser Wildrinder graste.

Probe auf der Freilichtbühne der Klosterruine Boitzenburg

Historische Anlagen in der Boitzenburger Klostermühle

Mühlengebäude

Klostermühle Boitzenburg
OT Boitzenburg
Mühlenweg 5 a
17268 Boitzenburger Land
Tel. 039889 236
www.klostermuehle-
boitzenburg.de

Wirtshaus „Zur Klostermühle"
OT Boitzenburg, Mühlenweg 5
17268 Boitzenburger Land
Tel. 039889 869-60
www.zur-klostermuehle.de

Ein Kloster und seine Mühle

Hinter der **Schäferbrücke** tauchen zwischen Bäumen die Ruinen des Klosters Marienpforte auf. Sie sind in den Monaten Juli und August die historienträchtige Kulisse für die Aufführungen des Theaters Klosterruine Boitzenburg. Um 1270 wurde das Kloster Marienpforte von Zisterzienserinnen errichtet. Es diente vor allem dazu, adligen Töchtern eine standesgemäße Erziehung zu geben. Nach der Reformation wurde es säkularisiert, das heißt, ihm wurde seine religiöse Bestimmung genommen. Es wurde samt einem riesigen Grundbesitz an Hans von Arnim verkauft, der den Nonnen weiter das Wohnrecht einräumte. Knapp hundert Jahre später, im Dreißigjährigen Krieg, wurden die Gemäuer Opfer durchziehender dänischer Landsknechte. Heute ist die Ruine vor weiterem Verfall geschützt.

Die nahe **Klostermühle** ist eine noch immer funktionsfähige Wassermühle. Schon von außen beeindrucken die wassertechnischen Anlagen und das riesige Mühlrad. Im Inneren erwartet den Besucher ein vielseitiges Museum. Die Mühlentechnik mit der Kraftübertragung vom Wasserrad zum Mahlwerk, mit den „Sichtern" und den „Schütten" für die Mehlsäcke wird bei einer sachkundigen Führung tatsächlich verständlich. Einfacher zu begreifen sind da schon die Wohnung des Müllers und die Backstube im Keller. Ein weiterer Raum ist vollgestellt mit historischen Radioapparaten.

Am besten, man kommt am Pfingstmontag – dann ist deutschlandweit Mühlentag und viel los. Auch in der Klostermühle Boitzenburg.Das Ziel der letzten Etappe ist nur noch wenige Schritte entfernt: das Restaurant „Klostermühle".

Die Zisterzienser in Brandenburg

Der aus Südfrankreich stammende Orden der Zisterzienser hat in der brandenburgischen Geschichte eine wichtige Rolle gespielt. Die Nonnen und Mönche brachten
viele Kenntnisse mit: moderne Formen der Landwirtschaft, des Obstbaus und der
Fischzucht, die Nutzung der Wasserkraft für den Mühlenantrieb, die Kunst, Wein
anzubauen und daraus ein berauschendes Getränk zu keltern, Ziegel zu brennen und
damit kühne Bauwerke zu errichten. Gemäß ihren Ordensregeln strebten die Zisterzienser ein asketisches und gottgefälliges Leben an.

Das Schloss Kröchlendorff

Als wäre Schloss Boitzenburg nicht beeindruckend
genug, befindet sich nur rund sieben Kilometer entfernt ein weiteres Domizil derer von Arnim. Schloss
Kröchlendorff steht fernab größerer Straßen in einem
weitläufigen Landschaftspark. Nachdem die Familie von
Arnim ihre Besitzungen nun aufgeteilt hatte, entstand
1848 das imposante neogotische Schloss. Architekt war
Eduard Knoblauch, der später auch die Neue Synagoge
in Berlin entwarf. Häufiger Gast auf Schloss Kröchlendorff war Otto von Bismarck, dessen Schwester mit
dem Hausherren Oskar von Arnim verheiratet war.
Nach dem Zweiten Weltkrieg verlor die Familie ihre
Besitzungen, das Schloss wurde Kinderheim. Nach
umfangreichen Sanierungsarbeiten konnte es 1996 als
Ort für Jugendreisen, Tagungen und Feiern wiederer-
öffnet werden. Von jungen Paaren wurde Kröchlendorff
inzwischen als romantischer Vermählungsort entdeckt.

*Ein besonderes Kleinod ist die
Schlosskirche von 1861, wie das
Schloss im Stil der englischen
Gotik erbaut. Sie wurde in den
vergangenen Jahren restauriert
und dient heute als Veranstal-
tungsort.*

In der ersten urkundlichen Erwähnung hieß Fürstenwerder *Vorstenwerdere* – auf Hochdeutsch: „vorderste Halbinsel". Mit einem Fürst hat das also nichts zu tun.

Fremdenverkehrsverein Fürstenwerder e.V. und Heimatstuben Fürstenwerder Ernst-Thälmann-Straße 26 17291 Nordwestuckermark Tel. 039859 202 oder 230 www.fuerstenwerder-seengebiet.de

Fürstenwerders Schönheiten

Die Ausgestaltung der Vorgärten zeigt: Die Bewohner von Fürstenwerder lieben ihren Ort. Die Häuser schmiegen sich in teils bergigen Straßen eng aneinander. Wo immer Platz ist, grünt und blüht es. Zunächst muss hier klargestellt werden, Fürstenwerder ist ein Dorf mit einer 1.200 Meter langen Stadtmauer. Im Jahr 1817 hat der Ort nach einem drastischen Einwohnerrückgang das im Mittelalter verliehene Stadtrecht verloren. Und so ist es heute ein Teil der Gemeinde Nordwestuckermark, ganz hoch im Norden der Uckermark. Das scheint aber dem Selbstbewusstsein seiner Bewohner keinen Abbruch zu tun.

In den 1990er Jahren haben die Bürger von Fürstenwerder das, was von ihrer **Stadtmauer** übrig geblieben war, fein säuberlich restauriert. Das war nötig, denn erbaut wurde die Stadtmauer im 13. Jahrhundert aus Feldsteinen, versehen mit 35 Wiekhäusern. Beim Besuch von Templin werden wir eine ähnliche Mauer fast unversehrt vorfinden. Von den ursprünglich drei Stadttoren sind noch zwei erhalten, das große Woldegker Tor und das kleinere Berliner Tor.

Das Traditionsbewusstsein in Fürstenwerder zeigt sich deutlich in den **Heimatstuben**. Wer behauptet, hier lohne sich der Besuch ganz besonders, hat recht. In jeweils einer Stube bzw. draußen im Hof wird altes Handwerk präsentiert. Und es gibt sie noch: Tischler, Ofensetzer, Dachdecker, Bäcker und Schmiede. Besonders traditionsreich ist das Schuhmacherhandwerk. Alles ist im Museum vorhanden wie vor einhundert Jahren, auch ein Kaufmannsladen. Und aus dem Backofen kommt gelegentlich sogar Brot.

Jenseits des Woldegker Tores tut sich die Landschaft auf – Wasser, Hügel, Äcker, Wälder. Die Finger an einer Hand reichen nicht aus, um alle Seen in der unmittel-

Blick durch das Woldegker Tor

baren Umgebung von Fürstenwerder aufzuzählen. Am Splettberg geht es hinauf bis auf 127 Meter (zum Vergleich: die Berliner Müggelberge erreichen 115 Meter). Die Mischwälder der Umgebung erinnern in ihrer Urwüchsigkeit an die Wälder der Märchen und Sagen.

Vor dem Tor haben die Menschen von Fürstenwerder ihrer „steinreichen" Umgebung einen besonderen Platz gewidmet: einen **Findlingspark**. Besondere steinerne Prachtstücke haben sie zusammengetragen und mit jeweils einem Schild versehen. Hier kann man lernen, Granit von Basalt oder Gneis zu unterscheiden. Der Findlingsgarten – ein nett herausgeputzter Vorgarten einer Stadt, die eigentlich keine ist.

*Das Heimatmuseum
von außen und von innen
Foto: Heimatstube Fürstenwerder*

Der Steingarten von Fürstenwerder

Ruine des Klosters Himmelpfort

Auf dem Märkischen Landweg, 2. Etappe:

Zwei Wege nach Lychen

Märkischer Landweg
2. Etappe:
12,2 Kilometer,
5,5 Stunden

Mit der Bahn nach Fürstenberg/Havel: von Berlin Hbf
stündlich mit dem RE 5

Auf direktem Weg ist man schnell von der Schreiber-Mühle in Lychen. Der Märkische Landweg nimmt allerdings einen gehörigen Umweg und folgt dem Küstriner Bach durch den Lychener Stadtforst, mal nah am Wasser, mal weiter entfernt. Eine Schutzhütte markiert den Ort, der für aufsässige Mönche einst buchstäblich das „**Fegefeuer**" war – eine Verbannungsstätte.

Kurz vor Lychen stoßen jene Wanderer hinzu, die ihre Tour in **Fürstenberg** begonnen haben. Sie sind außerhalb der heutigen Uckermark gestartet, haben die Region am Oberlauf der Havel kennengelernt, die traditionell mit der Uckermark in Verbindung steht. Zumal sich der Bahnhof an der Strecke zwischen Berlin und Rostock ideal für eine Reise in die Uckermark anbietet. Die idyllische Wasserstadt wird von drei Seen umschlossen. Ausgestattet mit anerkannt vorzüglichen Umweltwerten, macht sie es Wanderern, Wassersportlern und Naturfreunden gleichermaßen recht. Und es lohnt ein Besuch der von einem Schinkel-Schüler erbauten Stadtkirche, in der es den längsten Batikteppich Europas zu bestaunen gibt.

„Passion und Auferstehung" – der in den 1960er Jahren entstandene Batikteppich in der Stadtkirche von Fürstenberg

Ein Ort der Begegnung

Unmittelbar vor dem Stammlager Ravensbrück hatte die SS ihre Kommandantur und eine kleine Siedlung aus zweistöckigen Häusern für die Aufseherinnen und Wachmannschaften errichtet. Bis 1992/93 wohnten darin sowjetische Familien. Als sich 1995, zum 50. Jahrestag der Befreiung, über 2.000 Überlebende in Ravensbrück trafen, setzten sie sich dafür ein, eines dieser Häuser als Gästehaus für Zusammenkünfte, Gespräche und Übernachtungen einzurichten. Inzwischen ist das Haus Nr. 8 saniert und zu einem stets gut besuchten Treffpunkt geworden. Sechs weitere der Aufseherinnenhäuser haben als internationale Jugendbegegnungsstätte mit 99 Betten eine neue Bestimmung gefunden.

Jugendherberge Ravensbrück – Internationale Jugendbegegnungsstätte
Straße der Nationen 3, 16798 Fürstenberg/Havel
Tel. 033093 60590, Fax 033093 60585, jh-ravensbrueck@jugendherberge.de

Vorbei an Burg und Schloss, Yachthafen und Hausbootverleih öffnet sich der Weg auch in bedrückende Vergangenheit. Auf der gegenüberliegenden Seite des Schwedtsees liegt ein Ort, der von Menschlichkeit weit entfernt war. **Ravensbrück** hat eine fürchterliche Vergangenheit. Zwischen 1939 und 1945 wurden hier und in Außenlagern 150.000 Frauen, Kinder und Männer eingesperrt, gepeinigt und ausgebeutet. Es war das größte Frauen-KZ Deutschlands.

An der originalen Lagermauer stehen zwanzig Ländernamen stellvertretend für die vielen inhaftierten und ermordeten Häftlinge. Davor blühen Rosen in unübersehbarer Zahl und markieren mit ihrem Beet ein Massengrab. Wie viele Menschen in Ravensbrück starben, lässt sich nicht mehr feststellen. Heute kommen vor allem Jugendgruppen aus ganz Europa hierher, um die Opfer zu ehren.

Jugendliche aus Norwegen ehren Opfer von Ravensbrück

Harte, grobe Schlacke überzieht den Lagerhof von Ravensbrück. Hier standen die Gefangenen stundenlang barfuß. Frauen, die Ravensbrück überlebt haben, fragen sich, wie sie das jahrelang ertragen konnten.

Himmelpfort: Hier holt der Weihnachtsmann seine Post ab. Die Adresse lautet: Weihnachtspostfiliale 16798 Himmelpfort.

Zu Besuch beim Weihnachtsmann

Ein kurzes Wegstück entfernt erreichen wir einen Ort, der einmal im Jahr die Herzen vieler Kinder höher schlagen lässt – das schöne **Himmelpfort**. Seit Mitte der 1980er Jahre befindet sich hier eine weltbekannte Postfiliale des Weihnachtsmannes. Hierher senden Kinder zu Weihnachten ihre Wunschzettel. Die meiste Zeit des Jahres ist das Postamt des Weihnachtsmanns geschlossen, es öffnet erst ab November. Aber ein kleines Museum im Hof zeigt, wie der Weihnachtsmann in Himmelpfort so wohnt. Nur so viel sei verraten: Von moderner Wohneinrichtung hält er nicht viel.

Gleich um die Ecke stehen die von Efeu überwucherten Reste des **Klosters Himmelpfort**. Auch hier haben die Zisterzienser segensreich für Brandenburg gewirkt. Zwischen den romantischen Ruinen oder durch den Klostergarten zu spazieren und sich auszumalen, wie hier vor mehr als 700 Jahren die Zisterzienser-Mönche ihren Alltag erlebten, ist eine herrliche und sehr erholsame Art, den eigenen Alltag zu vergessen. Der kleine Ort bietet viele Möglichkeiten zur Einkehr und selbstverständlich steht Fisch auf fast jeder Karte. Vielleicht ist es aber am schönsten, sich ein Picknick zu bereiten an einem stillen Plätzchen am Ufer der Havel, gleich neben der Schleuse, und dem bunten Treiben der Freizeitkapitäne zuzusehen.

Die Klosterkirche von Himmelpfort liegt zwischen alten Bäumen und den ruinenartigen Resten des Klosters – ein herrlicher Ort der Ruhe.

Die Havel ist der drittgrößte Nebenfluss der Elbe. Sie nimmt in Berlin die Spree auf. Die Havel ist 325 Kilometer lang und überwindet einen Höhenunterschied von nur gut 40 Metern. Auf rund drei Viertel seiner Länge ist der Fluss schiffbar.

Hier ist die Havel noch ein Flüsschen, das sich auch gern für ein paar hundert Meter in einem See verliert. Sie nimmt nicht – wie etwa die Ucker – den kürzesten Weg zum Meer, sondern schlägt einen riesigen Bogen, einem großen U gleich. Zwischen der Quelle und Berlin fließt sie von Norden nach Süden, um erst bei Brandenburg a.d. Havel sich wieder in Richtung Norden zu wenden. Daher sind es zwischen Quelle und Mündung nur 69 Kilometer Luftlinie.

Ein Eldorado für Pilzsammler

Wer in den Wäldern der Uckermark unterwegs ist, sollte „pilzbereit" sein. Denn die Gesellen mit dem Hut finden gerade in den alten Laub- und Mischwaldbeständen ideale Bedingungen vor. Wo Moose und Flechten wachsen, gibt es in der Regel auch Pilze. Allgemein gilt, je älter der Baumbestand, desto reicher die Pilzwelt, aber desto größer auch die Gefahr, an einen ungenießbaren Pilz zu geraten – an einen giftigen oder an einen, der durch extrem bitteren Geschmack die ganze Mahlzeit verderben kann. Daher die Grundregeln: Sammle nur Pilze, die du genau kennst, und lass unbekannte

Ein ganz und gar giftiger Geselle, der aber so nett ist, seine Umwelt mit Signalfarben zu warnen – der Fliegenpilz.

Pilze stehen. Ebenso alte Pilze, die kein festes Fleisch mehr haben. Ihre Sporen sorgen immerhin für Nachwuchs. Wer unsicher ist, sollte sich bei den Touristeninformationen nach dem nächsten Pilzberater erkundigen. Und wen das immer noch nicht beruhigt, der lasse sich im Herbst in einer uckermärkischen Gastwirtschaft ein wahrlich eßbares Pilzgericht servieren.

Weniger auffällig, dafür aber genießbar und wohlschmeckend – der Steinpilz.

Abenteuer auf dem Schienenstrang

Es war einmal eine Bahnstrecke zwischen Fürstenberg über Lychen nach Templin, die wurde kaum noch genutzt. Eines Tages war sie stillgelegt und drohte einzurosten. Menschen mit Fantasie aber machten daraus die mit knapp 40 Kilometern längste Draisinenstrecke Deutschlands. Jedermann ist eingeladen, mit eigener Muskelkraft durch die reizvolle Landschaft zu fahren. Die Draisinenauswahl ist groß. Es gibt die Fahrraddraisine für 2 bis 4 Personen und die Vereinsdraisine für 3 bis 5 Personen. Zur Auswahl stehen die Halbtagestour zwischen Fürstenberg und Lychen über 25 Kilometer und die Tagestour zwischen Templin und Hohenlychen über 34 Kilometer. Wer unterwegs Lust hat zu baden oder ein Picknick zu veranstalten, nimmt an einem der Rastplätze die Draisine einfach vom Gleis und lässt die anderen vorüberradeln.

www.erlebnisbahn.de

Ein Spaziergang rund um die Flößerstadt Lychen:
Wo Pinnen Geschichten erzählen

Lychen-Information
Stargarder Straße 6
17279 Lychen
Tel. 039888 2255
Fax 039888 4178
tourismusverein@lychen.de
www.lychen.de

Flößereimuseum Lychen
Clara-Zetkin-Straße 1
17279 Lychen
Tel. 039888 2992
www.floesserverein-lychen.de

„Lychen ist ein schöner Ort, liegt zwischen Fegefeuer und Himmelpfort." Das ist eine Volksweisheit, der nur noch hinzuzusetzen ist, dass Fegefeuer nur halb so weit entfernt ist wie Himmelpfort. Lychen gehört zu den kleineren uckermärkischen Städten. Aber man sollte es deshalb keinesfalls geringschätzen. Denn erstens ist Lychen die „Hauptstadt" des Naturparks Uckermärkische Seen, hier befindet sich das Naturparkzentrum. Zweitens nennt sich Lychen stolz „Flößerstadt" und hat drittens aus ihrer Geschichte einiges zu erzählen. Nicht zu vergessen, Lychen ist ein sehr reizvolles Städtchen mit viel Wasser.

Dass Lychen so stolz auf seine Flößertradition seit 1720 ist, hat wohl auch damit zu tun, dass es die verwegenen Männer waren, die aus der abgeschiedenen Wald- und Seenlandschaft hinausfuhren in die „weite

Nur für die Stärksten: Bau eines Floßes während des alljährlichen Flößerfestes

Der Malerwinkel am Oberpfuhlsee

Welt". Zumindest bis nach Berlin (6 Tage), wo sie ihren Teil beim Aufbau der Metropole leisteten. Oder gar bis Hamburg (11 Tage). Es waren also ganze Kerle, denen man auch heute noch gern nacheifert.

Die Arbeit der Flößer am und auf dem Wasser war nicht ungefährlich, denn Gefälle und Wehre konnten das Holz schnell außer Kontrolle geraten lassen. Da musste sich einer auf den anderen verlassen können. In den 1970er Jahren hörte die Flößerei auf, Einnahmequelle für kräftige Lychener Männer zu sein. Kein Wunder, dass sich die Flößergemeinschaft noch erhalten hat, als das Handwerk längst ausgestorben war. So entstand der Verein der Lychener Flößer, der seit 1997 alljährlich Anfang August das **Flößerfest** ausrichtet. Da wird ein 20 Meter langes Floß gemäß altem Muster nachgebaut, anschließend findet ein Floßkonvoi auf dem Oberpfuhlsee statt, und zu guter Letzt wird ausgelassen gefeiert.

Vielleicht sollte ein Besuch von Lychen mit einem Blick in das **Flößereimuseum** im alten Feuerwehrgebäude beginnen. Einer Spielzeugeisenbahn ähnlich, steht dort eine große Platte mit einem Landschaftsrelief der Gegend. Mit all den Wäldern, Seen und Wasserläufen. Eine freundliche Museumsmitarbeiterin erklärt mithilfe eines langen Holzstabes den Lauf des Wassers und den Weg des Holzes. Das Museum zeigt das Flößerhandwerk aber nicht nur in Miniaturausführung. Die Floßhaken, das Universalwerkzeug der Flößer, sind natürlich in Originallänge zu bewundern. Sie konnten bis zu vier Meter lang sein.

Der Ortsrundgang um Lychen beginnt an der **Floßablage**, ein Flößerhafen gewissermaßen. Hier ist inzwischen Wassertourismus in vielerlei Formen angesagt: Kanu, Flöße, Hydrobikes – alles das gibt es auszuleihen. Von der Floßablage geht es auf einer romantischen Uferpromenade am Oberpfuhlsee entlang. Im idyllischen **Malerwinkel** steht das Färberhaus. Der Name dieses Fleckchens stammt aus jener Zeit, als das heute noch beliebte Fotomotiv von Kunstmalern gern und

Treibholz-Floßfahrten, Kanu- und Hydrobiketouren (prämiert mit dem Tourismuspreis Brandenburgs) Oberpfuhlstraße 3a 17279 Lychen Tel. 039888 43377 www.treibholz.com

Die alte Eiche auf dem Hügel erinnert an den Jüdischen Friedhof von Lychen.

Lychen hat die größte Feldsteinkirche der Uckermark.

Eine überdimensionale Pinne berichtet vom „Alten Wehr", durch das Holzstämme vom höher gelegenen Oberpfuhlsee in den Stadtsee geleitet wurden.

häufig in Aquarell festgehalten wurde. Hier beginnt der Mühlgraben. Er macht sich den Höhenunterschied von 1,70 Metern zwischen den Ober- und den Unterseen Lychens zunutze, muss aber inzwischen keine Mühlräder mehr antreiben.

Und weiter führt der Weg zu den Resten der **Stadtmauer** am ehemaligen Templiner Tor. Spätestens hier wird deutlich, dass sich auch die Lychener im Mittelalter in den Schutz dicker Feldsteinmauern begeben hatten. Im Gegensatz zu den größeren uckermärkischen Städten ist hier allerdings nicht mehr viel erhalten. Der Rundweg hat inzwischen die Festwiese erreicht. Von hier aus bietet sich ein beeindruckendes Panorama über den See.

Das Gartenlokal „Alte Mühle" mit Blick auf den Stadtsee ist der richtige Ort zum Verschnaufen. Nun geht es die Kienofenpromenade am Südufer des Stadt-

sees entlang – immer mit Blick auf die Stadtkirche St. Johannes. Was es mit den Kienöfen im mittelalterlichen Lychen auf sich hat, erzählt eine Tafel zu den Teeröfen im Mittelalter. Neben der Köhlerei waren sie eine wichtige Erwerbsquelle in dieser waldreichen Gegend.

Die vielen Häuschen und Stege am Wasser zeigen, dass sich die Lychener mit Booten aller Art auch heute noch gern in die Seenlandschaft aufmachen. Am Ende des Sees führt ein Weg zum nahe gelegenen **Strandbad** am Großen Lychensee. Die Rundtour allerdings folgt der Brücke über den Hohesteg in die Hohestegstraße und weiter in die Berliner Straße. Ein paar Mauerreste markieren hier das einstige **Fürstenberger Tor**.

Die Berliner Straße führt direkt auf den Marktplatz. Das Rathaus ist der turmlose Nachbau eines barocken Vorgängers, der 1945 ausbrannte. Hier fehlt allerdings das typische Türmchen, das es einst den Rathäusern in

Templin und Angermünde ähnlich machte. 60 Prozent der Lychener Innenstadt wurden am Ende des Zweiten Weltkrieges ein Raub der Flammen. Kein Wunder, wenn die örtliche Geschäftsstraße zum größten Teil aus neuerbauten Häusern besteht.

Die Tour endet an der **Stadtkirche St. Johannes**, dem weithin sichtbaren Wahrzeichen Lychens. Ihr Bau begann um 1250. Wie die allermeisten Kirchen in der Uckermark ist auch sie aus Feldsteinen zusammengefügt – mit einer Wandstärke von bis zu zwei Metern – und wurde später mit Ziegelsteinen ergänzt. Der wehrhafte Turm nimmt fast die volle Breite des Kirchenschiffs ein. Sie ist die größte Feldsteinkirche Brandenburgs. In den Sommermonaten finden hier außer den Gottesdiensten auch Konzerte und Ausstellungen statt.

Seit 2003 steht am Wurlsee eine 2,50 Meter große Säule aus Stahl, die von einer riesigen Reißzwecke gekrönt wird.

Die Pinne aus Lychen

In der Berliner Straße erinnert an einem unscheinbaren Haus eine Tafel an den Uhrmacher Johann Kirsten. Er hatte hier eine Erfindung gemacht, die zwischen Lychen, London und Las Vegas nicht mehr wegzudenken ist: die Reißzwecke. Um das Jahr 1900 kam er – vielleicht um für mehr Ordnung in seiner Werkstatt zu sorgen – auf die Idee, ein kleines Ding herzustellen mit der Spitze eines Nagels und einem Kopf so groß, dass man ihn mit dem Daumen ins Holz drücken konnte. Der Uhrmacher hatte auch die Idee für die massenhafte und billige Herstellung. Doch eins vermochte er nicht: seine Erfindung zum Patent anzumelden und kommerziell zu verwerten. Für wenig Geld verkaufte er die Rechte an seiner Pinne an den Fabrikanten Otto Lindstedt. Der ließ sie 1904 auf den Namen seines Bruders patentieren und brachte sie auf den Markt. Mit den kleinen Dingern wurden beide reiche Leute. Johann Kirsten aber starb als bescheidener Uhrmacher. Die Heftzwecken wurden in der Stadt ihrer Erfindung bis 1962 produziert.

Auf dem Märkischen Landweg, 3. Etappe:
Von Lychen nach Templin

Märkischer Landweg
3. Etappe:
26,3 Kilometer,
7 Stunden

Von Lychen aus führt diese abwechslungsreiche Etappe des Märkischen Landweges zunächst an das Ufer des **Zenssees**. Schritt für Schritt wird es menschenleerer. Am Wasser ergeben sich entlang des Wanderpfades immer wieder schöne Ausblicke. Hin und wieder sieht man Menschen in kleinen Booten – die einen nutzen sie zur Fortbewegung, die anderen verharren auf der Stelle um zu angeln.

Angler sind in der Uckermark ein häufiger Anblick, denn Fische gibt es hier jede Menge – Raubfische wie Hecht, Aal, Zander und Barsch und Friedfische wie Karpfen, Karausche und Schlei. Brandenburg macht es den Hobbyanglern unter seinen Gästen leicht. Mit der Fischereiabgabemarke, auch Urlauber-Fischereischein genannt, und der Angelkarte für das jeweilige Gewässer kann die Jagd auf Friedfische losgehen. Alle Infos gibt es bei den Touristeninformationen.

Vom Südzipfel des Zenssees aus geht die Wanderung am Nordufer des **Platkowsees** weiter. Der Weg verläuft meist auf dem Hochufer. Alt Placht und Annenwalde sind zwei Ziele, für die man viel Zeit für eine Pause einplanen sollte. Wir überqueren jene Eisenbahngleise, auf denen heute Draisinen „verkehren". An der Schleusenbrücke erreichen wir später Templin.

Alt Placht: Das Kirchlein im Grünen

Die Verniedlichungsform „Kirchlein" hat das Gotteshaus bei Alt Placht wahrlich verdient. Der Fachwerkbau zwischen den 500 Jahre alten Linden wirkt wie ein zu groß geratenes Spielzeug. Eine Inschrift über der Tür weist auf das Jahr 1719. Damals herrschte der „Soldatenkönig" und es heißt, die Bauweise sei damals in Nordfrankreich verbreitet gewesen. Bis in die 1960er Jahre wurde das Kirchlein für Gottesdienste genutzt. Dann geriet es in Vergessenheit und wurde dem Verfall preisgegeben. Was nicht niet- und nagelfest war, wurde herausgerissen. Aber manchmal gibt es auch im richtigen Leben Helden und ein Happy End. Erst bemühten sich einzelne Enthusiasten, nach dem Fall der Berliner Mauer aber war es ein Förderverein, der sich um das Kirchlein im Grünen kümmerte. Sehr viel blieb zu tun, bis 1995 wieder die Glocke im Turm schlagen konnte. Heute ist es geschafft und die ganzjährig geöffnete Kirche, der alte Friedhof mit seiner Feldsteinmauer und den Linden laden ein, sich an einem außergewöhnlichen Gotteshaus zu erfreuen. Besonders schön ist der Besuch im Sommer – ausgestattet mit einem Picknickkorb und einer Decke.

Ein Draisinen-Stopp mitten im Wald von Alt Placht

Geschichte und Lage – das 300 Jahre alte Kirchlein im Grünen ist außergewöhnlich.

Annenwalde: Das Dorf und das Glas

Womit in Annenwalde beginnen? Annenwalde bietet im Zusammenspiel mit den alten Linden und den bunten Vorgärten einen freundlichen Anblick. Als Ziel bietet sich die Glashütte an, denn ohne Glas hätte es Annenwalde wohl nie gegeben. In den Regierungsjahren von König Friedrich dem Großen entstanden in Brandenburg zahlreiche Glashütten. Der märkische Sand lieferte den Rohstoff, aus den Wäldern kam die Energie. Annenwalde wurde 1754 vom Glasmacher Johann Friedrich Zimmermann gegründet. Zwanzig Familien aus Franken, Sachsen, der Pfalz und aus Mecklenburg siedelten sich hier an und ließen das

Die Schinkelkirche in Annenwalde

Glashütte Annenwalde
OT Densow
Annenwalde 28
17268 Templin
Tel. 03987 20025-0
www.glashuette-
annenwalde.de
ganzjährig geöffnet

Die Bäume im ehemaligen
Gutspark werden entlang
eines „Baumweges"
vorgestellt. Dort stehen
auch 48 Skulpturen von
Werner Kothe.

*Ein riesiger Ofen, aus dem
filigrane gläserne Kunstwerke
kommen wie die Kugeln, die in
der Eingangshalle der Glashütte
von der Decke hängen.*

geschliffene Glas für Annenwalde zum Markenzeichen
werden. Mit dem Kahn wurde die Ware über die Havel
nach Berlin geschafft. Mit an Bord hatten die Schiffer
Holz und Ziegel und vielleicht auch Zigarren, denn die
wurden in Annenwalde ebenfalls gedreht. Wenn im
Winter Flüsse und Seen zu Eis erstarrten, zog man sich
in die kleinen Doppelhäuser „Im Winkel" zurück. 111
Jahre ging das so, dann wurde die Glasproduktion mitten im Wald zugunsten industrieller Fertigungsmetho-
den eingestellt.

Altes Handwerk neu entdeckt

Dass heute in Annenwalde wieder mit Glas gearbeitet
wird, ist dem Bildhauer und Glasgestalter Werner
Kothe zu verdanken. Der gebürtige Berliner stellt hier
seit nunmehr 15 Jahren seine Arbeiten her, zu denen
Vasen und Schalen gehören, und bietet sie zum Verkauf an. Außerdem bringt er Laien in Kursen das
Arbeiten mit Glas nahe und auch Kinder kommen
nicht zu kurz – sie können Glas bemalen und dann
brennen lassen. Hinter seiner **Glashütte** befindet sich
ein nach alten Vorbildern wieder hergerichteter Land-
schaftsgarten, der neben Glasskulpturen und Texten
der Heimatdichterin Erna Tage-Roenich auch einen
romantischen Blick auf den Densowsee bietet.

Vom Grünen geht es jetzt ins Helle, in die kleine
und sehr feine Kirche von Annenwalde. Die Annenwalder **Dorfkirche** ist einer von zwei Bauten in der
Uckermark, an denen der geniale preußische Architekt
Karl Friedrich Schinkel Anteil hatte. Gerade die Innen-
einrichtung zeigt unverkennbar seine Handschrift. Hier
klingt besonders sein Talent als Bühnenbildner an. Die
Kirche ohne Turm ist ein Blickfang in Annenwalde.

Die neue Seebühne im Annenwalder Gutspark ist
Schauplatz des **Annenwalder „Dorf-Kultur-Jahres"**. Dazu
gehören die „1-Stuhl-Konzerte", bei denen die Besucher
ihre Sitzgelegenheit selbst mitbringen und sich vom Pro-

gramm überraschen lassen. Aber auch die Annenwalder Glasnacht in der Kombination von Natur, Glas und Musik. Bereits Tradition haben die Tage des Offenen Ateliers im Mai und das Glassammlertreffen Ende August.

Neue Kunst im alten Dorf

Von der Kirche führt der Weg dann zur zeitgenössischen Kunst in das Atelier von Heike Munser, die sich mit Ölmalerei, Grafiken, Zeichnungen und Illustrationen für Kinder- und Malbücher beschäftigt und verschiedene Kurse für Kinder und Erwachsene anbietet. Fünf von den neun in Annenwalde tätigen Künstlern öffnen regelmäßig ihre Ateliers für Besucher.

Spätestens jetzt ist aber Zeit für eine Stärkung der körperlichen Art, und da sei der Gasthof „Kleine Schorfheide" empfohlen. Das Haus ist 250 Jahre alt, aber die Küche jung. So finden sich auf der Karte Gerichte wie „Uckermärker Himmel und Erde", das aus gebratenem Filet von Zander und Pute mit Stampfkartoffeln besteht.

Danach kann es weitergehen in Richtung Osten zum Vorwerk von Annenwalde. Wir teffen hier auf das Atelier von Peter Westphal. Er arbeitet hier mit Holz, und seine Nachbarin Martina Busch betreibt die Webwerkstatt „Ucker-Lein".

Herbst über dem Densowsee

Wie Annenwalde zu seinem Namen kam

Eine Frage bleibt aber: Wer war eigentlich Anne, die diesem Dorf ihren Namen gab? Es war die Frau des Gründers Johann Friedrich Zimmermann. Sie hieß Anna-Margarete, und deshalb heißt Annenwalde nach der „Anne im Walde".

Ein schöner Uferweg am Großen Mahlgastsee entlang (mit einer Badestelle) bringt den Wanderer Templin immer näher. Kurz vor der Stadt kreuzt der Weg die Gleise der Draisinenstrecke. Die Etappe endet an der Templiner Schleusenbrücke.

Rekordverdächtiges Annenwalde

Mit 13 gläsernen Zeitmessern ist Annenwalde das Dorf mit den meisten Sonnenuhren in Europa. Glaskünstler Werner Kothe machte diese Kunstwerke seinen Nachbarn zum Geschenk, jedes ein Unikat. Mit seinen gläsernen Sonnenuhren schafft er Bleibendes, schließlich geht ihnen die Energie nie aus, es gibt kein Rad, das rosten kann, kein Gehäuse, das zerfällt. Diese Uhren funktionieren selbst noch in 10.000 Jahren. Und eine schaffte es bereits bis ins südafrikanische Kapstadt. Einen weiteren Rekord hat Annenwalde zu bieten: den nördlichsten Weinberg Brandenburgs. Hier gedeihen 520 Rebstöcke der Sorte „Regent". Der daraus gekelterte Wein kann vor Ort verkostet werden.

Service

Reederei Knaack & Kreyß
Seenrundfahrten mit dem
Motorschiff „Möwe" und
Verleih von Solarbooten
Prenzlauer Straße 7
17279 Lychen
Tel. 039888 3893
www.ms-moewe.de

Bernstein-Verkaufsausstel-
lung und Werkstatt
Gerald Jancke
Großer Lychensee 5
17279 Lychen
Tel. 039888 2675

Apfel-Hofladen
Lichtenhain 25
17268 Boitzenburger Land
Tel. 039889 8250
www.haus-lichtenhain.de

Zu neuem Leben erweckt
wurde das „Alte Kino"
Kirchstraße 3 a
17279 Lychen
Tel. 039888 60540
www.kino.lychen.eu

Reit- und Fahrtouristik
Lychen
Fahrten mit Kutsche,
Kremser (auch für Rollis)
oder Schlitten, Reiten
Weinbergstraße 6 a
17279 Lychen
Tel. 039888 2778
www.muli-rensch.de

Hof Kokurin
Dorfstr. 32, OT Naugarten
17291 Nordwestuckermark
Tel. 039852 47630
www.hof-kokurin.de

Forellenzucht Boitzenburg
Angeln in Forellenteichen
17268 Boitzenburger Land
Templiner Straße 2 a
Tel. 039889 5115

Café Eigen-Art
mit Atelier, Kurse in der
Textilkunst „Patchwork"
Dorfstraße 10
OT Wichmannsdorf
17268 Boitzenburger Land
Tel. 039889 307
www.cafe-eigenart.de

Mühlenmuseum
Wassermühle Gollmitz
Mühlenberg 12
17291 Nordwestuckermark
Tel. 039852 49141
www.wassermuehle-
gollmitz.de

Wussten Sie schon,

…dass es Uckermärker Spezialitäten von *Appel Bodder* (Apfelschmalz) bis Zitronen-
guss-Gebäck unter www.uckermarkshop.de zu kaufen gibt?

Extratipp für Architekturfreunde: Gut Bülowssiege

Ein architektonisches
Kleinod ist das Gut
Bülowssiege nahe Für-
stenwerder. Es ist ein
Musterbeispiel für preu-
ßische Landbaukunst der
Zeit der Romantik unter
Verwendung von Natur-
und Ziegelsteinen. Der
Name des Gutes ist eine
Verbeugung des Bau-
herren Reichsgraf Her-
mann von Schwerin vor
dem Helden der Befrei-
ungskriege, dem General
Freiherr von Bülow. Die
große Scheune wird für
Veranstaltungen genutzt.

www.buelowssiege.de

Der Südwesten

auf dem Märkischen Landweg
zwischen Templin und Angermünde
mit Stadtspaziergang in Templin und
Stippvisiten ins Barnimer Land

Das Land der tiefen Wälder

Fast 60 Kilometer sind es auf dem Märkischen Landweg von Templin nach Angermünde. Das sind drei Etappen, die zum allergrößten Teil durch das Biosphärenreservat Schorheide-Chorin führen. Hier unternehmen wir einen Ausflug über die Landkreisgrenze hinaus. Denn in den tiefen Wäldern der Schorfheide fragt niemand, wo die Uckermark genau aufhört. Hier trifft man gelegentlich auf Spurensucher, die sich nach geheimnisumwitterten Orten umschauen. Solche, die an den letzten Kaiser erinnern, sind bestens erhalten und aufwendig wieder hergerichtet – Schloss Hubertus-stock oder der „Kaiserbahnhof" am Werbellinsee zum Beispiel. Andere, die mit Nazigrößen verbunden sind, existieren nur noch als Steinhaufen.

Es gehört viel Fantasie dazu, sich das Gebiet entlang der südlichen Grenze der Uckermark vor rund 20.000 Jahren vorzustellen. Damals türmten sich hier die eiszeitlichen Gletscher bis zu 300 Meter hoch. Je nachdem, auf welcher Seite des ehemaligen Gletscherrandes der Weg verläuft, ändert sich die Landschaft: mal sanfte Hügel und Senken mit kreisrunden Seen, mal Mini-Gebirge mit Rinnenseen, durch die das Schmelzwasser

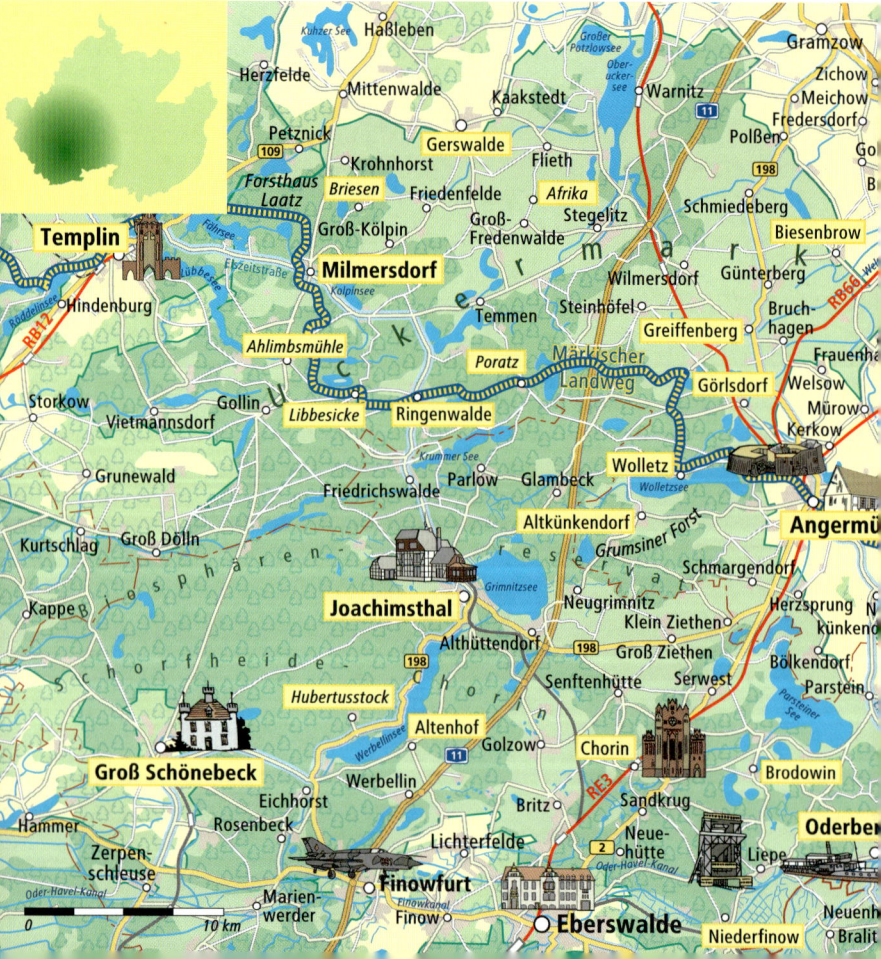

abfloss. In der Nähe von Joachimsthal bietet sich Gelegenheit, die Landschaft von oben zu betrachten. Hier steht der Turm des Biorama-Projektes.

Ein Etappenziel auf diesem Abschnitt ist Ringenwalde in der Mitte zwischen Templin und Angermünde. Die Kirche des Ortes verspricht denen, die sich hier trauen lassen, eine glückliche Ehe. So jedenfalls dachten auch der brandenburgische Ministerpräsident Matthias Platzeck und seine Frau Jeanette.

Auf den letzten Kilometern vor Angermünde verlassen wir noch einige Male den Märkischen Landweg. Wir besuchen die Blumberger Mühle, sehen uns im wenig bekannten Lenné-Park von Görlsdorf um, erleben mit Altkünkendorf einen der romantischsten Orte der Uckermark und streifen durch den urzeitlichen Grumsiner Forst.

Wir besuchen zwei Orte, die formal bereits zu Angermünde gehören, aber ihre eigene Geschichte haben. Da ist Greiffenberg, ein auf Hügeln errichteter Ort mit deutlich weniger als 1.000 Einwohnern, der sich dennoch Stadt nennen darf und eine der größten Burganlagen Brandenburgs besitzt – leider nur noch als Ruine. Nur wenige Kilometer weiter liegt Biesenbrow. Bereits der Name regt die Fantasie an. Was mag das Geheimnis dieses Fleckens mit den schmucken Backsteinhäusern sein?

Das Biosphärenreservat Schorfheide-Chorin

Mit seinen 1.291 Quadratkilometern ist das UNESCO-Biosphärenreservat Schorfheide-Chorin das zweitgrößte Brandenburger Großschutzgebiet. Der nördliche Teil dieser abwechslungsreichen Landschaft liegt in der Uckermark, der südliche im Landkreis Barnim. Als die Eiszeitgletscher hier vor rund 15.000 Jahren abschmolzen, hinterließen sie Ebenen, Wälle und Urstromtäler. Über 240 Seen glitzern zwischen Hügeln, geheimnisvolle Moore bieten seltenen Pflanzen Lebensraum. Hier ist auch der größte See Brandenburgs zu finden – der Parsteiner See, ein beliebtes Badegewässer. Nicht zuletzt spielt die Landwirtschaft eine wichtige Rolle. Sie ist eng mit dem Naturschutz verknüpft und konzentriert sich auf den biologischen Landbau.

Zum Biosphärenreservat gehört die Schorfheide – eines der größten geschlossenen Waldgebiete Deutschlands. Vom Kiefernwald bis zum Erlenbruchwald finden sich hier sehr unterschiedliche Waldgesellschaften. Der Hutewald mit über 2.000 Eichen im Alter von 400 bis 600 Jahren stammt noch aus einer Zeit, als die Bauern ihr Vieh zu den nahrhaften Eicheln trieben. Seit Jahrhunderten ist der wildreiche Wald ein beliebtes Jagdrevier der Mächtigen. Ein ganz besonderer Schatz des Biosphärenreservats Schorfheide-Chorin sind die größten zusammenhängenden Buchenwälder Mitteleuropas, und mittendrin steht die größte Buche Deutschlands.

In den feuchten Gebieten und Wäldern fühlen sich See-, Fisch- und Schreiadler, Kranich und Schwarzstorch, Biber und Fischotter besonders wohl. Auch die Europäische Sumpfschildkröte und die Kleine Maräne leben hier. Hätte der Mensch nicht eingegriffen, wäre die Region fast vollständig mit Wald bewachsen. Dörfer mit alten Alleen und Feldsteinbauten, askanische Burgen und Klöster der Zisterzienser sind Zeitzeugen der Geschichte. Das berühmteste ist das Kloster Chorin.

NABU-Informationszentrum Blumberger Mühle
Blumberger Mühle 2, 16278 Angermünde
Tel. 03331 2604 -0
blumberger.muehle@nabu.de, www.blumberger-muehle.de

Dr. Eberhard Henne:
Vom Staub der Uckermark

*Die Entstehung und Entwicklung des Biosphärenreservats Schorfheide-
Chorin ist eng mit einem Namen verbunden: Dr. Eberhard Henne. Der
Tierarzt, ehemalige Dezernent der Angermünder Kreisverwaltung, Umwelt-
minister des Landes Brandenburg und langjähriger Leiter des Großschutzge-
biets, hat die ganze Region zu einem Vorzeigeprojekt gemacht, das von den
Experten nicht nur in Deutschland, sondern weit darüber hinaus als Modell
betrachtet wird. Heute ist er im Ruhestand und trotzdem viel beschäftigt –
als Ratgeber und Gutachter für den Naturschutz oder mit der Restaurierung
des eigenen Hauses in der Uckermark, da, wo die Grauen Kraniche nisten.*

*Herr Dr. Henne, Sie sind eigentlich kein
Uckermärker...*

...das stimmt, ich stamme aus einer
anderen schönen Gegend, dem Südharz,
einer Landschaft mit Wäldern und Bergen, wunderschön und eigentlich das
Gegenteil von diesem flachen Land hier.
Aber als ich in meiner Pflichtassistenz-
zeit in die Uckermark kam, sagte mein
damaliger Lehrtierarzt: „Wer einmal den
Staub der Uckermark geschluckt hat, der
kommt nicht mehr los davon...

Wie kamen Sie in die Uckermark?

Ich wollte eigentlich nach meiner Pro-
motion wieder zurück in den Harz, aber
wie das so ist, ging das nicht gleich, und
so übernahm ich zuerst eine Tierarztpra-
xis bei Angermünde. Und dann bewahr-
heitete sich dieser Spruch, ich habe
nämlich diese Landschaft kennengelernt
und kann mich sogar ganz genau an den
Moment erinnern. Ich war mit dem
Motorrad unterwegs, von Joachimsthal
in Richtung Gerswalde, und habe immer
wieder angehalten und zu mir selber
gesagt: „Was ist das für eine Landschaft!
So wild, so unterschiedlich und so wenige Menschen."

Sind Sie heute Uckermärker?

Als Fremder wird man nie Uckermärker.
Ich auch nicht, obwohl ich nun seit vier-

zig Jahren hier lebe und als Tierarzt
hautnah mit Uckermärkern umgegan-
gen bin. Für manche bin ich immer
noch der Neue, der Zugezogene (lacht).
Das meinen sie überhaupt nicht böse,
und ich mag die Menschen hier sehr. Sie
sind meist sehr offen neuen Ideen
gegenüber, das habe ich gerade als
Naturschützer oft gemerkt.

*Nun werden ja die Uckermärker weniger,
das Stichwort heißt Landflucht...*

Das ist richtig, aber Veränderung gehört
zu dieser Landschaft, da reicht ein kurzer Blick in die Geschichtsbücher. Und:
Es gibt nicht nur die Landflucht, es gibt
auch die Flucht aus den Städten. Es
kommen neue Menschen hierher, die
interessiert, neugierig und engagiert
sind. Menschen, die dem Landschafts-
und Umweltschutz oft besonders positiv
gegenüberstehen und viel zum Erhalt
alter Häuser und Kirchen tun. Zum Beispiel die alten Katen in Briesen, die von
Berlinern wieder hergerichtet worden
sind.

*Was ist für Sie die Uckermark? Was zeich-
net sie aus Ihrer Sicht aus?*

Die Uckermark ist eine sehr dünn besie-
delte Landschaft, die sich immer gegen
zu große Eingriffe gewehrt hat. Sie ist
durch die Hinterlassenschaften der letzten Eiszeit mit den vielen kleinen Seen

und Söllen nicht besonders gut zur Bestellung geeignet. Die Böden sind eben nicht so, wie das die Landwirtschaft gerne hätte. Es ist im positiven Sinne eine sperrige und spannende Landschaft, die unglaublich reichhaltig ist. Es gibt hier Vögel, die es im Rest Deutschlands nicht mehr gibt. Dazu kommt diese Ruhe, die für manchen Großstädter schon fast beunruhigend sein kann.

Gibt es einen Ort in der Uckermark, den Sie besonders mögen?

Viele, da fällt die Auswahl schwer, aber empfehlen kann ich den Besuch in Altkünkendorf. Ein wirklich tolles Dorf mit einem Gutshaus und einer kleinen Feldsteinkirche und diesen beiden riesigen Eichen am Eingang, etwas Schöneres gibt es kaum. Und drum herum liegt einer der beeindruckendsten Buchenwälder Deutschlands.

Sie sprechen vom Grumsiner Forst?

Ja, hier gibt es riesige alte Bäume, die ältesten sind 160 Jahre alt, schöne Moore und viele Seen – eine Ursprünglichkeit, wie sie selten zu sehen ist. Es konnte nachgewiesen werden, dass seit 200 Jahren keine Buche von Menschen gesetzt wurde, alle haben sich im Rahmen der Naturverjüngung fortgepflanzt. Dazu hat der Wald ein einzigartig abwechslungsreiches Relief. Die Höhenunterschiede können schon mal bei 50 Höhenmetern auf 200 Meter Distanz liegen. In dieser Landschaft leben seltene Vögel, von höheren Pflanzenarten stehen über 60 auf der Roten Liste.

Wie wird dieser Wald geschützt?

Er ist als Totalreservat innerhalb des Biosphärenreservats Schorfheide-Chorin ausgewiesen. Jeder Eingriff des Menschen ist untersagt. Außerdem hoffen wir, dass der Grumsiner Forst künftig als Weltnaturerbe der UNESCO geschützt wird. Die Anträge sind gestellt.

Ein Stadtspaziergang um und durch Templin:

Immer an der Mauer entlang

Tourist-Information
der Tourismus-Marketing
Templin GmbH
„Historisches Rathaus"
Am Markt 19
17268 Templin
Tel. 03987 2631
Fax 03987 53833
templin-info@t-online.de
www.tourismus-service-
templin.de

mit der Bahn:
ab Berlin-Lichtenberg
stündlich mit der RB 12

Templin ist das siebentgrößte Gemeinwesen in Deutschland. Gleich nach Köln – bezogen auf die Fläche jedenfalls. Kaum zu glauben, denn Templin, das ist im Auge des Besuchers auch heute noch die beschauliche Kleinstadt mit dem Markt, der sich zweimal in der Woche belebt, mitten im historischen Stadtkern. Templin bezeichnet sich selbst als die „Perle der Uckermark", und niemand hat ihr den Titel je streitig gemacht. Außer vielleicht in den Jahren der DDR, als der damalige Landkreis Templin dem mecklenburgischen Bezirk Neubrandenburg zugeschlagen wurde und die Uckermark kaum mehr als historische Bedeutung besaß. Seit 1990 hat das alles wieder seine Ordnung. Und kurze Zeit später wurde ihr auch wieder der Titel „Staatlich anerkannter Erholungsort" zugesprochen.

Das Wahrzeichen Templins ist heute wie vor 800 Jahren die **Stadtmauer**. Keine Besichtigung von Templin ohne eine Umrundung der fast vollständig erhaltenen Wehranlage. Die Mauer ist 1.735 (auf diese Zahl werden wir später noch einmal stoßen) Meter lang, durchschnittlich 7 Meter hoch, reicht 2 Meter in den Boden hinein – auf dass sich niemand hindurchbuddeln kann – und ist 1 Meter dick.

Alle 20 bis 30 Meter buchtet sich die Mauer zu einem Rundbogen aus. Schilder erklären, dass es sich hierbei um **Wiekhäuser** handelt, in denen sich auf mehreren Etagen und in Rufweite zu den Nachbarn die Stadtwächter aufhielten. Zwischen 400 und 600 Meter sind es quer durch die Stadt von Mauer zu Mauer. Der Ring hat somit die Form eines Eies.

Die Templiner, die vor fast 800 Jahren hier lebten, haben rund 60.000 Tonnen Feldsteine herange-

Im Prenzlauer Tor befindet sich das Uckermärkische Volkskundemuseum. Gezeigt werden z. B.: Köhlerei, Glasherstellung, Pantinenmacherei, Flößerei, Fischerei, ländliche Traditionen und Feste.

schleppt und übereinandergeschichtet, dazu Tausende Backsteine für die Tore gebrannt. Das alles, um ungebetene Gäste – ob Landsknechte fremder Fürsten oder einfach „nur" Räuber – fernzuhalten. Die Rechnung ist offensichtlich aufgegangen. Die Stadtmauer war und ist der Stolz von Templin und wurde über Jahrhunderte hinweg gepflegt und erhalten.

Zur Stadtmauer gehören drei imposante Tortürme, alle im Stil der norddeutschen Backsteingotik mit den typischen Spitzbögen. Eins davon ist das **Prenzlauer Tor**, wo unser Rundgang beginnt. Es besitzt eine Tordurchfahrt, die allerdings schon lange nicht mehr genutzt wird. Gleich neben dem Turm gibt es eine wei-

Der falsche Waldemar in Templin

Es kommt gelegentlich vor, dass Menschen einem Hochstapler auf den Leim gehen. Das kann sogar so weit gehen, dass sie in ihm die höchste Autorität sehen und ihm alle Ehren erweisen. So ist es jedenfalls in einigen Brandenburger Städten um das Jahr 1348 herum geschehen, auch in Templin. Fast dreißig Jahre waren seit dem Tod des beliebten, weil erfolgreich regierenden Markgrafen Waldemar aus dem Haus der Askanier vergangen, und im Land herrschten Armut, Hunger und Seuchen. Mit Waldemar waren die Askanier ausgestorben, und es entbrannte ein jahrzehntelanger Streit um das Erbe. Mitten in diese Wirrnis trat ein Mann auf den Plan, der von sich behauptete, genau jener legendäre Markgraf zu sein. Er habe seinen Tod damals nur vorgetäuscht, um sich auf Pilgerreise ins Heilige Land zu begeben.

Nun sei er zurück und wolle sein Land wieder wie einst zur Blüte führen. Kein Wunder, die Menschen glaubten an diese Erscheinung, weil sie an bessere Zeiten glauben wollten. Und so zog Waldemar durch Brandenburg und ließ sich huldigen. Auch in Templin. Dabei ist es den Templinern in all den Jahren nicht einmal besonders schlecht ergangen. Sie konnten ihre Rechte ausweiten und verdienten an Märkten und Zöllen ganz ordentlich. Dennoch hießen sie den alten/neuen Waldemar willkommen und unterwarfen sich ihm. Zwei Jahre später flog der Schwindel auf, als Kaiser Karl IV. die Sache untersuchen ließ. Alle Städte, die dem falschen Waldemar huldigten, mussten als Bestrafung jenes Stadttor zumauern, durch das der Hochstapler eingeritten war. Aber da die Templiner nicht auf den Kopf gefallen sind, haben sie neben dem geschlossenen Tor ein zweites geöffnet – den „Waldemarsgang".

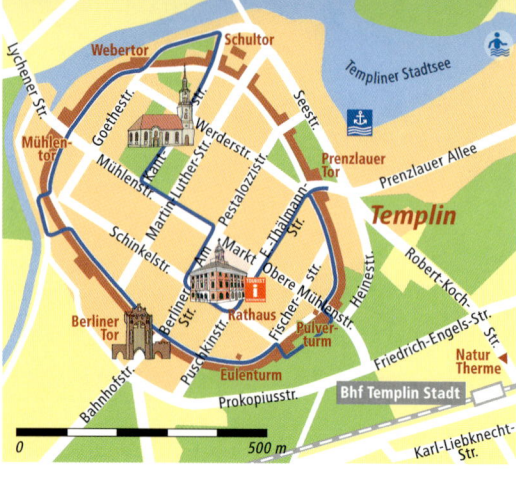

Akzisehaus an der Stadtmauer

3x Stadtmauer
· von der „Feldseite"
· Blick vom Berliner Tor
· ein Wiekhaus (v. links)

tere Durchfahrt, den „Waldemarsgang", der inzwischen voll und ganz mit Brettern vernagelt ist. Das war aber nicht immer so – dazu unsere Geschichte auf S. 53.

Der Stadtrundgang entlang der Stadtmauer führt zunächst vorbei am **Pulverturm** mit der gemauerten spitzen Haube (Foto S. 47). Im Falle einer Explosion sollte sie auf den Brandherd fallen und das Feuer ersticken. Sie zeigt heute keinen Kratzer. Das nächste markante Gebäude an der Mauer ist das kleine, blumengeschmückte **Akzisehaus**. In diesem niedlichen Häuschen saßen zur Zeit Friedrichs des Großen die Geldeintreiber und kassierten jeden ab, der Waren in die und aus der Stadt brachte. Was wir heute Steuer nennen, war damals die Akzise. Wie gut für die Stadtmauer! Ihre Bedeutung als Wehranlage hatte sie verloren, aber als Zollmauer war sie noch gut zu gebrauchen. Hier wechseln wir die Mauerseite. Von außen, von der „Feldseite", zeigt die Templiner Stadtmauer ihr grünes Gesicht. Sogar Wein wächst hier.

Ein schmaler Durchgang – und wir sind wieder auf der Stadtseite. Hier geht der Blick zurück zum **Eulenturm**, der als Hexen-Gefängnis gedient haben soll. Wir nutzen die nächste Öffnung der Stadtmauer, um erneut

die Seite zu wechseln. Wir bekommen ein wenig Abstand von der Wehranlage und stehen umso beeindruckter vor dem **Berliner Tor**. So karg das Tor zur Feldseite hin gestaltet ist, so schmuckvoll ist es zur Stadtseite. Der Turm beherbergt eine sehenswerte Ausstellung über die Naturreservate der Umgebung und zeigt bemerkenswerte Zeugnisse aus der Stadtgeschichte. Außerdem hat der Besucher von hier oben einen herrlichen Blick über die Stadt.

Ein paar Schritte in die Stadt hinein – und wir stehen vor der **St. Georgen Kapelle**, die allerdings meist geschlossen ist. Diese Kapelle war das einzige Haus, das beim großen Stadtbrand von 1735 verschont blieb, obwohl der Brand gleich nebenan ausbrach. Es war aus Stein. Der Wiederaufbau Templins folgte nicht mehr dem mittelalterlichen Gassengewirr. Stattdessen zog

Die Gemäuer des Berliner Tors beherbergen in drei Etagen die Ausstellung „Lebensräume". Sie zeigt die Entwicklung Templins von der Eiszeit bis zur Stadtentstehung und zur Industrialisierung sowie die Bildung der Großschutzgebiete Naturpark Uckermärkische Seen und Biosphärenreservat Schorfheide-Chorin.

Das Berliner Tor

Die St.-Maria-Magdalenen-Kirche kommt von vielen Enden der Stadt immer wieder ins Bild.

man gerade und breite Straßen durch die Stadt. So entstand das heutige Stadtbild mit einheitlichen Traufhöhen und mit Straßen, die zum Teil von Bäumen gesäumt sind.

Nach ein paar weiteren Schritten entlang der Mauer verweist ein kleines Schild darauf, dass hier ein bronzezeitlicher Mahltrog in der Mauer verarbeitet wurde. Ein museales Stück an dieser Stelle – ein Zufall? Dann das dritte der großen Stadttore, das **Mühlentor**. Wie der Name sagt, gleich hinter dem Tor befand sich eine Wassermühle, die das Gefälle im Templiner Kanal ausnutzte, das noch heute die Boote in eine Schleuse zwingt. Weiter zum unscheinbaren **Webertor**. Wieder führt der Weg nach außen, am Templiner Kanal entlang. Ein Gebäudekomplex im Stil der Kaiserzeit kommt in den Blick, die **Goetheschule**. Hier drückte vor 40 Jahren ein Mädchen namens Angela die Schulbank. Ihr Abitur schloss sie mit 1,0 ab und brachte es bis zur Bundeskanzlerin. Heute steht das Gebäude leer und wartet auf geburtenstärkere Jahrgänge.

Zwischen Feldsteinen eingemauerter bronzezeitlicher Mahltrog

*Die Schuke-Orgel in der
Stadtkirche*

*Blick vom Berliner Tor zum
Templiner Rathaus*

Durch das **Schultor** betreten wir erneut die Innenstadt. Vorbei an alten Fachwerkhäusern und neuen Plattenbauten kommen wir zur **St.-Maria-Magdalenen-Kirche**. Ihr 70 Meter hoher Turm war bereits während des Rundgangs von allen Seiten zu sehen. Es fällt auf, dass die Kirche einen Turmsockel aus Feldstein besitzt, während das übrige Gebäude ein verputztes Gemäuer mit barocken Formen ist. Auch das eine Erinnerung an den Stadtbrand von 1735: Bis auf den Sockel wurde alles andere ein Raub der Flammen. Das Innere der Kirche zeigt sich protestantisch-schlicht. Ihr Stolz ist eine 1994 eingebaute Schuke-Orgel mit 38 Registern.

Beim Verlassen der Kirche stellen wir fest, dass die Stadt noch immer Brachflächen besitzt. Die Wunden, die der Bombenangriff vom 6. März 1944 (am hellerlichten Tage!) und die Kampfhandlungen am Kriegsende rissen, sind bis heute nicht vollständig verheilt.

Nächste Station ist das barocke **Rathaus** von 1750. Von der Turmspitze steigt ein metallener preußischer Adler auf. Vielleicht ein Gruß der Erbauer an Friedrich den Großen. Hier stehen die Mitarbeiterinnen der Stadtinformation den Gästen zur Seite. Zweimal in der Woche kommen die Händler auf den **Markt**. Dann beleben sich auch die Cafés und Restaurants rund um den Platz. Wer genau hinsieht, findet hier so manchen sehenswerten Innenhof. Auch ohne Markt kann man in Templin gut shoppen. Es gibt nette Boutiquen, auch ein Lebensmittelgeschäft, das Produkte aus der Region anbietet: Brot, Käse, Wurst, Likör.

Der Stadtrundgang endet am Prenzlauer Tor, wo er begann. Von dort geht es hangabwärts zum **Stadthafen**. Denn beim Gang um die Stadtmauer ist kaum deutlich geworden, welch große Rolle das Wasser für Templin spielt. Wie wäre es mit einer Tour im Leihboot?

…und keinesfalls verpassen:

Ein empfehlenswertes Ziel in Templin ist die **Natur-Therme**. Hier wird aus der Erde ein besonderer Schatz zutage gefördet: Aus 1.650 Metern Tiefe kommt mit einer Temperatur von fast 58 °C und einem Salzgehalt von 15 Prozent eine Thermalsole mit ausgewiesener Heilkraft herauf. Sie soll die Durchblutung fördern sowie den Blutdruck senken und positive Wirkungen bei Störungen des Bewegungsapparates, der Atemwege sowie bei Hauterkrankungen zeigen. Die NaturTherme ist aber nicht nur ein Gesundheitsbad. Sie ist zugleich ein Spaßbad mit Rutsche, Whirlpools, Wellenbecken sowie ein Wellnesstempel mit Saunalandschaft, Therapiezentrum und Restaurant. Die NaturTherme mit dem bepflanzten Dach ist ideal für die ganze Familie.

Gleich in der Nachbarschaft der NaturTherme befindet sich eine Apfelplantage mit rund 300 Bäumen. Es ist keine Pflanzung wie viele andere. Erstens ist sie nicht eingezäunt, jeder kann hindurchgehen, und zweitens wachsen hier nicht mehr alltägliche Sorten. Wir befinden uns in einem **Sortenschaugarten**. Neben den meisten Bäumen stehen als Visitenkarten Info-Tafeln. Es sind häufig fast ausgestorbene, einst regional- und landschaftstypische Sorten, die hier erhalten werden. Viele der Bäume haben bereits einen Paten, der das Gedeihen seines Schützlings finanziell unterstützt.

Es soll aber auch Besucher geben, die kommen vor allem nach Templin, weil hier in einer **Westernstadt** Cowboys und Indianer reiten, tanzen und schießen. Ins EL DORADO – „Goldene Land" – zieht es sie, wo sie sich mit EL DORADO-Dollars ins Abenteuer stürzen. Maskenbildner sorgen dafür, dass sie beim Goldwaschen nicht als Greenhorns erkannt werden.

Templin besitzt aber noch eine Attraktion, speziell für Mini-Schumis: eine der schönsten **Kartbahnen** Deutschlands. Sie ist rund 1.100 Meter lang. Der 2007 aufgestellte Bahnrekord beträgt 44,590 Sekunden, das entspricht 89,213 km/h. Jeder ist eingeladen, ihn zu brechen – wenn es sein muss, auch unter Flutlicht.

NaturThermeTemplin
Dargersdorfer Straße 121
17268 Templin
Tel. 03987 201-200
www.naturthermetemplin.de

EL DORADO Templin –
die Westernstadt
Am Röddelinsee 1
17268 Templin
Tel. 03987 2084-0
www.eldorado-templin.de

Templiner Ring Kart-Center
Gewerbepark Süd
Carl-Friedrich-Benz-Straße 2
17268 Templin
Tel. 03987 409960
www.kart-templin.de

Auf dem Märkischen Landweg, 4. Etappe:
Von Templin nach Ringenwalde

Märkischer Landweg
4. Etappe:
27 Kilometer,
7,5 Stunden

Der frühe Vogel fängt den Wurm, und dem Frühaufsteher bieten sich in der Uckermark ganz besondere Eindrücke. Wer sich einmal um fünf Uhr in der Frühe auf den Weg gemacht hat, wird dieses Erlebnis nicht vergessen. Gut möglich, dass der Morgennebel für die Sonne undurchdringlich bleibt; Blätter, Gräser und Steine sind tropfnass vom Tau, der Schritt auf dem Sand des Weges klingt seltsam gedämpft, und ja, es ist ein bisschen unheimlich. Hat sich da ein Schatten bewegt? Was war das für ein Geräusch? Kurz darauf aber wird der Wald heller und freundlicher, die Sonne vertreibt am Ende mit ihren Strahlen den Frühnebel.

Es genügen nur wenige Schritte, um von Templin in unberührte Natur zu gelangen. Kilometerlang führt der Wanderpfad an Seeufern entlang – zunächst am Stadtsee, dann am Fährsee. Ruhe und Einsamkeit begleiten den Wanderer bis zum **Forsthaus Laatz**, dem Sitz des Kirchenforstbetriebes Templin.

Mitten im Wald steht das Fachwerkhaus aus roten Klinkern und grüßt die Wanderer, die sich dann wieder auf den Weg in den dichten Wald machen. Es ist ein Bild von einem Wald: Trauben- und Stieleichen mischen sich mit Linden, Ahorn und Buchen. Die Buchenwälder gehören zu den besonderen Schätzen des Biosphärenreservats Schorfheide-Chorin. Nach langer Zeit der Stille und einem Blick auf den Labüskesee taucht **Milmersdorf** auf. Es ist ein Straßendorf, dessen Dorfkrug sogar auf der brandenburgischen Denkmalliste steht. Die Bewohner haben über viele Jahrhunderte lang von Viehzucht und Ackerbau gelebt. Das wohl eher schlecht, denn die Böden rund um das Dorf sind von mäßiger Qualität. Aber man gab die Hoffnung nicht auf, und so wurden rund um Milmersdorf im 18. Jahrhundert mehrere Mühlen gebaut. Die hiesige Kirche ist unbedingt einen Besuch wert. Wenn die Sonne scheint, leuchten die roten Ziegel des im neugotischen Stil gebauten Gotteshauses aus dem Jahr 1885.

Moschusbock, der einzige Vertreter der Bockkäfer in Europa

Lebensraum Steine

Wer mit offenen Augen durch die Landschaft wandert, wird immer wieder Haufen moosumwachsener Steine antreffen. Dass die Uckermark eine steinige Gegend ist, in der die Steine sogar scheinbar aus dem Boden „nachwachsen", ist bekannt. Die auf den Feldern aufgelesenen Steine wurden zu Haufen getürmt und am Feldrand abgelegt. So unauffällig sie auch daliegen, so lebendig ist ihr Inneres. Die Zwischenräume dieser „Lesesteinhaufen" bieten gleich einer ganzen Reihe von Tieren einen guten Unterschlupf, der dazu oft noch besonders warm ist, weil sich die Steine in der Sonne

aufwärmen. Bewohner sind zum Beispiel die Stein-
hummel, die Zauneidechse, die Erdkröte oder der Mau-
erfuchs – ein Schmetterling. Zu den Pflanzen, die die
Lesesteinhaufen suchen, gehören der Scharfe Mauer-

Mühlstein an der Ahlimbsmühle

pfeffer und der Schmalblättrige Hohlzahn. Sind diese
kleinen Biotope nicht ein schönes Symbol für den Charakter des gesamten Biosphärenreservats? Geschaffen
durch menschliches Wirtschaften und dann von Pflanzen und Tieren genutzt, von denen einige nur noch selten vorkommen.

Ein kurzes Wegstück nur ist es von Milmersdorf zur
Ahlimbsmühle. Der eigenwillige Name geht auf ein Rit-
tergeschlecht mit dem Namen Ahlimb zurück. Die
Ahlimbs waren eine üble Sippe, Mord und Raub gehören zur Familiengeschichte. Hingegen geht es heute in
der Ahlimbsmühle bei Eisbechern, hausgebackenen
Kuchen, Torten und Kaffee ausgesprochen freundlich
zu. Die gastliche Stätte ist auch auf Übernachtungen
eingerichtet.

*Der Lübbesee an der
Ahlimbsmühle*

Wieder unterwegs in Richtung Ringenwalde. Wir
besuchen einen Ort, in dem ein weiteres märkisches
Adelsgeschlecht ein Rittergut unterhielt: die Holtzen-
dorffs. Sie dürfen sich zum Uradel der Uckermark zäh-
len. Der Ort, von dem hier die Rede ist, heißt **Libbesi-
cke** und ist so klein, dass er auf vielen Karten gar nicht
eingezeichnet ist. Aber das macht nichts, denn beim
Gang durch den Ort entwickelt sich eine Vorstellung
von dem, was friedliches Dorfleben bedeutet – jedenfalls für die, die aus den großen Städten kommen.

Ringenwalde und seine „Krüge"

Der Weg führt nun vorbei an einem verwitterten Steinbruch, dessen Abbruchkante kaum noch zu erkennen ist. Von hier ging noch vor einhundert Jahren das Baumaterial ins nahe Templin, auf dem Wasserweg aber auch ins ferne Berlin.

In Ringenwalde lohnt es sich, über Nacht zu bleiben. Reisende haben das Dorf immer schon gern für eine Rast genutzt, denn es liegt auf halber Strecke zwischen Templin und Angermünde. Das war früher einmal jeweils eine Tagesreise. Ablesen lässt sich der Besucherstrom an der Zahl der Ringenwalder „Krüge", die 1375 beachtliche sechs Stück betrug. Wer heute das Dorf betritt, erlebt ein für die Uckermark typisches Straßendorf und kann feststellen, dass die Zahl der „Krüge" mit zweien immer noch angenehm hoch ist. Zumal beide eine wirklich gute Küche bieten. Erst einmal geht es in die Ortsmitte zum Dorfmuseum und zur Touristeninformation.

Schon fällt der Blick auf die **Kirche** ein paar Schritte weiter. Es ist jene fast 800 Jahre alte Feldsteinkirche, in der sich im Juni 2008 der brandenburgische Ministerpräsident Matthias Platzeck und Jeanette Jesorka das Jawort gaben. Ein über einhundert Jahre alter Kanonenofen gleich neben der Kanzel sorgt auch heute noch im Winter für wohlige Wärme während der Gottesdienste.

Kräuterführungen
Uckermärkischer
Kräuterkranz
Sigrid Mautschke
Groß Kölpin Nr. 31a
17268 Milmersdorf
Tel. 039886 3163
s.m@kraeuterkranz.de
www.kräuterkranz.de

Die Kirche und ihr Kanonenofen

Ringenwalde hatte einmal ein **Schloss**. Das gehörte den Grafen Ahlimb-Saldern, jenem Adelsgeschlecht, deren Wurzeln bis in die Raubritterzeit zurückverfolgt werden können. Das Barockschloss wurde nach einem Brand Mitte des 19. Jahrhunderts im klassizistischen Stil wiedererrichtet. 1939 übernahm Reichsmarschall Herrmann Göring das Schloss – den umliegenden Wald hatte er sich schon unter den Nagel gerissen – und ließ es in den letzten Kriegstagen 1945 sprengen. Selbst die Grundmauern sind kaum noch zu sehen.

Überdauert hat der **Schlosspark**. Beim Neubau des Schlosses um 1850 erhielt auch er ein neues Gesicht. Augenscheinlich hatte hierbei der große preußische Gartenkünstler Peter Josef Lenné seine Hände im Spiel: einzelne Baumgruppen, Sichtachsen, künstliche Was-

Eine Sage aus Ringenwalde: Des Teufels großer Wurf

Das berühmte Kloster von Chorin sollte eigentlich hier, in Ringenwalde, errichtet werden. Zuerst wurde die bereits bekannte Kirche gebaut und dann sollte es an die eigentlichen Klosterbauten gehen. Der Teufel aber wollte den Klosterbau verhindern, also griff er den riesigen Stein, den er weiter südlich bei Friedrichswalde fand, und schleuderte ihn mit Wucht auf die Kirche in Ringenwalde. Der Brocken verfehlte zwar sein Ziel, versetzte die Mönche aber so in Aufregung, dass sie von dannen zogen und ihr Kloster lieber in Chorin bauten. So wurde Ringenwalde also um sein Kloster gebracht. Wer die Geschichte nicht glaubt, kann gern die Fingerabdrücke des Teufels auf dem Stein untersuchen, die noch heute gut zu sehen sind.

serläufe. Im Park hat sich die Grafenfamilie ein Erbbegräbnis bauen lassen. Auf einer Anhöhe am Ende des Parks steht – umgeben von drei alten Eichen – ein Riesenfindling, der in vorchristlicher Zeit zu Opferzwecken gedient haben soll.

Das Erbbegräbnis und der „Teufelsstein" im Schlosspark von Ringenwalde

Grün in allen Varianten: im Schlosspark und auf der Dorfstraße von Ringenwalde

Abends laden zwei **Gasthöfe** in Ringenwalde zur Übernachtung ein, beide sind sehr zu empfehlen. Der „Gasthof zur Eisenbahn" ist der ältere und rustikalere mit einer – auch von professionellen Gastronomiekritikern – gelobten uckermärkischen Küche. Der „Grüne Baum", so der Name des Landgasthofs ein paar Meter weiter, ist moderner – trotz der Ausstattung mit älteren Möbeln. Wer die dörfliche Atmosphäre genießen will, nimmt gemütlich vor dem Haus Platz. Es werden natürlich Produkte aus der Uckermark auf den Tisch gebracht.

Eine schöne Alternative: eine herrlich breit geschnittene Landbrotstulle, mit „dick" Butter drauf und mächtigen Scheiben Käse aus der uckermärkischen Bauernkäserei Uckerkaas – in den Rucksack gepackt und dann genossen an einem herrlichen Morgen mitten im Wald.

Aus einer uckermärkischen Speisekarte, 1. Teil

Auf der Speisekarte eines Ringenwalder Gasthofes stehen zum Beispiel „Nudelsupp med Plum und Speck" = Kartoffelsuppe mit Backpflaumen und Speck, „Kloppschinken med Suernudeln un Boddermelk" = Naturreifer Räucherschinken, geklopft und paniert mit sauren Buttermilchkartoffeln, „Kadümzel" = Kaninchenfrikassee mit Backpflaumen und Rosinen.

Unterwegs am Werbellinsee:
Im Jagdrevier der einst Mächtigen

Schorfheide-Information
Töpferstraße 1
16247 Joachimsthal
Tel. 033361 63380
www.joachimsthal.de

Biorama-Projekt – der Aussichtsturm mit Fahrstuhl

Der Ausflug an den Werbellinsee verspricht Abwechslung, Aha-Erlebnisse und viel Natur. Ausgangspunkt für viele Wander- und Radtouren in die Schorfheide ist Joachimsthal. Eine von Schinkel entworfene Kirche ist der ganze Stolz der Stadt am Grimnitzsee. Dort am See stehen heute noch die Reste einer gewaltigen Burganlage, die die Grenze zwischen deutschem und slawischem Siedlungsland vor rund eintausend Jahren markierte. Die Uckermark hatte damals noch längst nicht die Ausmaße wie heute.

Der ehemalige Wasserturm etwas außerhalb – auf dem Weg in Richtung Werbellinsee – wurde zu einem Aussichtsturm umgestaltet, dem **Biorama-Projekt.** Wer die 27 Meter nicht zu Fuß hinaufklettern möchte, kann einen bequemen Lift benutzen. Bei schönem Wetter soll von hier oben sogar der Berliner Fernsehturm zu sehen sein. Viel spannender ist aber die Vogelperspektive auf die unmittelbare Umgebung.

Denn genau hier, wo heute der Turm steht, befand sich die Abrisskante des Gletschers während der jüngsten Eiszeit. So entstanden nebeneinander verschiedene Landschaftstypen: der runde und flache Grimnitzsee im Norden und der rinnenförmige und tiefe Werbellinsee im Süden. Er entstand als Abfluss des Tauwassers bei der Erwärmung des Klimas. Das nächste Ziel entlang der Eiszeitstraße ist der **Kaiserbahnhof Werbellinsee**, einer der bemerkenswertesten Bahnhöfe Brandenburgs. Der „Reisekaiser" Wilhelm II. ließ ihn 1898 bauen, um von hier aus – erst mit der Droschke, später mit dem Auto – zum **Schloss Hubertusstock** zu gelangen. Es war Ausgangspunkt für Jagdausflüge in die Schorfheide. Im Schloss Groß Schönebeck, am südlichen Ende der Schorfheide, sind Jagdtrophäen des Kaisers zu sehen – wie auch solche anderer Mächtiger. Der Kaiserbahnhof ist ein Zeugnis der Norwegen-Leidenschaft seines Bauherren. Die vielen Schnitzereien außen und innen haben es den Restauratoren nicht leicht gemacht, das Kleinod am Schienenstrang wieder in seinen ursprünglichen Zustand zu versetzen. In der beeindruckenden Wartehalle erklingen heute Hörspiele. Der Kaiserbahnhof ist der erste „Hörspielbahnhof" Deutschlands.

Schloss Hubertusstock

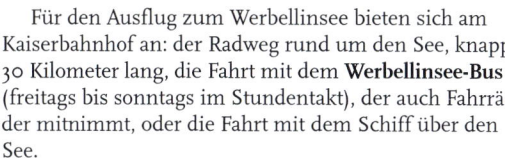

Im Inneren des Kaiserbahnhofs: Das Wappen von Kaiser Wilhelm II. wurde unter vielen Farbschichten entdeckt.

Für den Ausflug zum Werbellinsee bieten sich am Kaiserbahnhof an: der Radweg rund um den See, knapp 30 Kilometer lang, die Fahrt mit dem **Werbellinsee-Bus** (freitags bis sonntags im Stundentakt), der auch Fahrräder mitnimmt, oder die Fahrt mit dem Schiff über den See.

Ein zehnminütiger Fußweg führt vom Kaiserbahnhof zum Nordufer des Werbellinsees. Dort wartet die „Altwarp", die schon einige Jährchen auf dem Buckel hat, aber genau deshalb bei den Besuchern des Werbellinsees so beliebt ist. Sie fährt in fast zweieinhalb Stunden einmal rund um den See. Empfehlenswert ist aber, die Fahrt in **Altenhof** für eine Stunde zu unterbrechen und dann wieder zuzusteigen. Diese Stunde reicht aus, um auf der Strandpromenade mit Ostsee-Flair zu flanieren und in der „Alten Fischerei" die Fischspezialitäten zu probieren – frisch gefangen und nun als Mahlzeit auf dem Teller oder als Räucherware in der Tüte.

Fahrgastschifffahrt auf dem Werbellinsee

Auf dem Märkischen Landweg, 5. Etappe:
Von Ringenwalde nach Wolletz

Märkischer Landweg
5. Etappe:
21 Kilometer,
7 Stunden

Alte Linden und Buchen nehmen den Wanderer auf der Straße nach Poratz unter ihre Schatten. Pferdekoppeln wechseln ab mit Wald, Wiesen und Feldern. Stille Wald- und Feldwege führen über Peetzig nach Wolletz am gleichnamigen See mit idyllischen Ufern und besten Badequalitäten.

Weder das Land Brandenburg noch die Uckermark sind nur die „Streusandbüchse", als die sie immer wieder bezeichnet werden. Es gibt in der Uckermark auch exzellente Böden, die ideal sind zur landwirtschaftlichen Bestellung. Der Märkische Landweg zwischen Ringenwalde und Wolletz bestätigt allerdings an vielen Stellen das Klischee der Region: sandige Feldwege, kilo-

Sand – wo kommt der eigentlich her?

Als „Märkische Streusandbüchse" wird Brandenburg gern spöttisch tituliert. Dass es so viel Sand gibt, hängt, wie so vieles hier, mit der Eiszeit zusammen. Die gleichen Gletscher, die die riesigen Findlinge aus dem Norden herschoben, brachten auch die zahllosen Sandkörner mit. Zugegeben: Der Sand beschert karge Böden, auf denen nicht alles wächst, aber für die Glas- und Baustoffindustrie ist er ein wertvoller Rohstoff. Auch für die kleinen Baumeister in den Sandkästen.

meterweit. Aber Sand in der Uckermark bedeutet auch der Anblick eines weiß-sandigen Feldweges bei strahlendem Sonnenschein und frischem Wind, der die Äste der Birken wiegt. Beim Gang über den Feldweg gibt der Sand leicht nach und man erwägt, die Schuhe auszuziehen, um den weichen Sand zwischen den Zehen zu spüren. Während dieser Überlegung ziehen die Kinder mit ihren Stöcken lange Schlangenlinien in den Sand.

Nun geht es in Richtung Osten, nach **Poratz**. Der Weg führt über eine alte Feldsteinstraße. Pferde auf ihrer Koppel freuen sich über einen Gruß, bevor wir in den Wald eintauchen. Poratz empfängt Besucher mit dem Angebot, jede Hektik und unnötige Eile vergessen zu lassen. Ein Dorf von stiller Schönheit, fast vergessen von der modernen Welt. Hier wohnen nur knapp 30 Menschen. Der Sand hat die Geschichte des Dorfes mitgeschrieben, denn Landwirtschaft konnte hier immer nur ein Nebenerwerb sein, zu kärglich waren die Ern-

ten. Stattdessen boten die Wälder ringsherum den Köhlern den notwendigen Rohstoff. Nachdem es nicht nur einmal in Kriegen zerstört war, wurde Poratz von Friedrich dem Großen als Kolonistendorf entwickelt und hielt sich seitdem am Leben. Wer durch das Dörfchen spaziert, kann an einigen der Fachwerkhäuser noch Spuren aus dieser Zeit entdecken.

Etwas weiter im Wald wird der Wanderer wieder an die Schrecken des Krieges erinnert. Ein Gedenkstein erinnert an die Kämpfe, die hier Ende April 1945 stattfanden und 30 jungen Männern das Leben kostete – knapp anderthalb Wochen vor der Kapitulation. Die Frage auf dem Gedenkstein „Wofür?" wird sich wohl nie beantworten lassen. Die Stille des Waldes wechselt aber bald zu einem Blick, der über weite Felder reicht, und für andere Gedanken sorgt.

Gedenkstein für im Krieg Gefallene

Abstecher auf die Südseite des Wolletzsees

In Wolletz trifft der Märkische Landweg auf einen sehr beliebten anderen Wanderpfad: den WolletzseeRundweg. Fast 24 Kilometer sind es einmal rund um den See. Das heißt sechs Stunden Uckermark vom Feinsten mit sehr viel Seeblick. Zwischen Wolletz und Anger-

münde führt der Weg in der Nähe der Blumberger Mühle durch einen Sumpfwald mit exotischem Einschlag. Fünf Kilometer sind es in der entgegengesetzten Richtung von Wolletz nach Altkünkendorf. Und noch einmal fünf Kilometer von Altkünkendorf zum Grumsiner Forst, einen der bemerkenswertesten Wälder in ganz Deutschland.

Altkünkendorfer Ansichten

An der Straße nach Altkünkendorf stehen am Ortseingang zwei 600 Jahre alte Eichen aus der Gründungszeit des Dorfes. Altkünkendorf besitzt keine Gaststätte, schon gar kein Hotel, aber Ferienwohnungen und mitten im Ort eine **Raststation** für Wanderer. Selber schuld, wer sie nicht nutzt.

Altkünkendorf ist mit seiner „berg"-reichen Umgebung so etwas wie das Dach der Uckermark. Drei „Einhunderter" befinden sich hier. Für diese Gegend ein nahezu gewaltiges Massiv: bewaldet, mit Tälern und Anstiegen, einer mit einem Sendemast. Die Wege nach Altkünkendorf führen über hügelige und kurvenreiche Straßen, durch dichte Mischwälder, vorbei an Feldern, auf denen die Traktorfahrer wellenerprobt sein müssen. Das abgeschiedene Dorf besitzt noch alles, was man von einem echten Uckermark-Dorf erwartet: ein Gutshaus wie ein Schloss, eine respektable Kirche, neben der sich die alte Dorfschule duckt. Dazu eine Menge kleiner, aber schmucker Bauernhäuser.

Der Urwald im Grumsiner Forst

Gleich hinter Altkünkendorf beginnt der Grumsiner
Forst. Er ist die Antwort auf die Frage, wie es bei uns
wohl aussähe, hätte der Mensch nicht in die Natur eingegriffen. Die Rotbuche hätte es geschafft, sich gegen
viele andere Baumarten durchzusetzen und würde wohl
zwei Drittel Deutschlands bedecken.

Und noch etwas zeigt der Grumsiner Forst: Einen
Wald, in dem alle Altersstufen der Bäume vertreten
sind. Denn nachweislich wurde hier seit rund 200 Jahren keine Anpflanzung mehr vorgenommen. Alles, was
seither gewachsen ist, folgte einzig und allein den
Gesetzen der Natur. So entstand ein Lebensraum für
mehr als 7.000 Tier- und Pflanzenarten. In früheren
Zeiten gehörten auch der Bär und der Wolf dazu.

Auch wenn es die Menschen waren, die die Buchenwälder in den vergangenen eintausend Jahren durch
Rodung bis auf letzte Reste zurückdrängten, war es wiederum die Jagdleidenschaft ein paar Mächtiger, die
einen der wenigen zusammenhängenden Buchenwälder Deutschlands erhalten ließ.

Inzwischen gehört der Grumsiner Forst zu den
besonders schützenswerten Flächen im Biosphärenreservat Schorfheide-Chorin. Hier ist jeder menschliche
Eingriff streng untersagt, „Totalreservat" heißt das oder
heute besser „Naturentwicklungsgebiet". Und mehr
noch: Gemeinsam mit vier anderen deutschen Buchen-
wäldern ist für den Grumsiner Forst die Aufnahme auf
die UNESCO-Liste des Weltnaturerbes beantragt worden.

Auf dem Märkischen Landweg, 6. Etappe:
Von Wolletz nach Angermünde

Märkischer Landweg
6. Etappe:
9,7 Kilometer,
3,5 Stunden

Auf dieser kurzen Etappe schlängelt sich der Wanderpfad idyllisch am Ufer des Wolletzsees entlang. Wolletz selbst liegt auf der Südseite des gleichnamigen Sees. Die schöne Lage, aber auch der Fischreichtum des Sees waren sehr früh bekannt. Denn Archäologen fanden heraus, dass Menschen seit der jüngeren Steinzeit hier siedelten.

Direkt am Seeufer findet sich eine große und moderne Klinik, die aber den schönen Eindruck nicht weiter stört, denn ihr ältester Teil ist ein ehemaliges Jagdschloss aus den 1930er Jahren, das der Seeseite zugewandt liegt. Augenfällig sind die außergewöhnlichen Bäume, die hier gepflanzt sind: Nordamerikanische Roteichen, Österreichische Schwarzkiefern und Tulpenbäume fühlen sich hier sichtbar seit Jahrzehnten wohl.

Zuerst wandern wir ein Stück auf dem herrlichen Uferpfad am Wolletzsee. Dann geht es durch einen urigen Sumpfwald. Bevor wir aus dem Wald heraus auf Angermünde zugehen, können wir am **Strandbad** noch einmal ausgiebig rasten. Erfrischt geht es nun nach Angermünde weiter. Die Schönheit des Sees vom Jagdschloss aus genossen hat auch der DDR-Minister für Staatssicherheit, Erich Mielke, der nicht nur das

Schloss für sich und seine Familie beanspruchte, sondern den Wolletzer Forst noch gleich dazu. Am östlichen Rand des immerhin sechs Kilometer langen Sees war dann Platz für das „gemeine" Volk.

Das Strandbad Wolletzsee ist groß, aufgeräumt und lädt auch die zufällig Vorbeikommenden zur Badepause ein. Hier kann man eine sehr gute Wasserqualität genießen. Ein Imbiss und ein Eisstand sorgen danach für die notwendige Stärkung.

Vom Strandbad ist Angermünde nicht mehr weit entfernt, ein paar Kilometer sind es nur. Hier wird der Wald dann wieder stärker geprägt von den dünnen langen Kiefern, die ihre Kronen in den uckermärkischen Himmel strecken. Und wenn die Felder beginnen, verlaufen die Schritte bereits außerhalb des Biosphärenreservats.

Das Strandbad Wolletzsee wurde in den vergangenen Jahren regelmäßig mit der „Blauen Flagge" ausgezeichnet. Sie ist ein Umweltsymbol, das seit 24 Jahren für jeweils ein Jahr an vorbildliche Sportboothäfen und Badestellen in 41 Ländern vergeben wird.

Aus einer alten Zeitung zitiert:

Wer Wolletz betritt, findet eine Tafel, auf der allerhand Wissenswertes über den Ort und den See zu lesen ist. Darunter auch ein Zitat aus einem Zeitungsbericht aus dem Jahr 1940: „Wie ein kleines Paradies der Einsamkeit liegt er vor dir im Abendsonnenschein, der Wolletzsee, eines der schönsten märkischen Gewässer aus dem seenreichen Kreise Angermünde. In den Wassern des Wolletzsees spiegelt sich die Abendsonne, jede Welle, die, von leichtem Wind bewegt, über seine weite Fläche streicht, wird zu einem leuchtenden Kringel, zu einem güldenen Ringlein. Still ist es am hohen Ufer und weltabgeschieden." Eine journalistische „Kostbarkeit", aber irgendwie immer noch wahr.

Blumberger Mühle
Kontakt siehe Seite 49

Die Blumberger Mühle

Von Wolletz ist es nicht weit zur Blumberger Mühle, dem Hauptinformationszentrum des Biosphärenreservats Schorfheide-Chorin, ein außergewöhnlicher Ort mit einem außergewöhnlichen Konzept. Gerade die Kinder haben hier ihren Riesenspaß. Vorbild für das Gebäude war ein hoher Baumstumpf als Symbol für Werden und Vergehen. Die wirkliche Mühle gibt es nicht mehr, wohl aber 20 Fischteiche, in denen Mönche einst Karpfen für die fleischlose Fastenzeit züchteten. Die Fische locken seit jeher Wasservögel an. So wurden die Teiche vor 20 Jahren ein Naturschutzgebiet. Der Naturschutzbund Deutschland errichtete 1997 das eigenwillige Gebäude.

In seinem Inneren erzählt der Baum von den Wäldern der Schorfheide, ein riesiger Stein mittendrin erinnert an die Eiszeit, und im Moorraum erfährt der Besucher, dass ein Moor gar nicht so gruselig ist. Es geht um das Verhältnis zwischen Mensch und Natur in den vergangenen 5.000 Jahren. Rund um die Blumberger Mühle gibt es einen Kräutergarten, einen Irrgarten, die Freianlage für Sumpfschildkröten und einen Naturspielplatz zum Toben. Ein Erlebnispfad führt zu Spuren der Biber, ein schwankender Holzbohlenweg bringt Mutige über das Moor. Ein Stück weiter kann man vom Aussichtsturm Kormorane, Reiher und manchmal auch Fisch- und Seeadler an den Teichen beobachten.

Im Sommer fährt die BiberBahn in zehn Minuten von Angermündes Zentrum über Kerkow zur Blumberger Mühle. Der Eintritt zur Blumberger Mühle ist frei. Nur für Führungen ist ein kleiner Obolus fällig.

Doch der richtige Spaß für Kinder und alle Junggebliebenen beginnt dort, wo eine handbetriebene Pumpe steht. Das Wasser fließt durch Holzleitungen, im weichen Sand können dann Kanäle, Seen und Staudämme entstehen. Die Kinder müssen eben nur jemanden finden, der kräftig pumpt – am besten Erwachsene. Aber die können sich ja anschließend noch im Restaurant stärken. Die Küche verarbeitet vor allem regionale und ökologisch erzeugte Produkte.

Baumriesen im Lenné-Park von Görlsdorf

Begrüßung am Ortseingang durch ein Highland-Rind

Stippvisite in Görlsdorf

Das 180-Seelen-Dorf Görlsdorf liegt an einer schmalen Straße rund vier Kilometer hinter der Blumberger Mühle. Ein Umweg, der sich auf jeden Fall lohnt.

In Boitzenburg haben wir die Spuren Peter Joseph Lennés gesehen, ebenso in Ringenwalde, und nun erleben wir in Görlsdorf einen weiteren **Lenné-Park** in der Uckermark. Selbstverständlich gehörte zu diesem Park auch ein Schloss. Aber das wurde 1945 zerstört. Der Park ist weitläufig und versammelt viele Bäume, denen man das Alter von rund 200 Jahren durchaus ansieht. 1829 zeichnete Lenné die Skizzen. Wie wir wissen, ließ er bereits mehrjährige Bäume pflanzen, um seinen Auftraggebern rasch einen fertigen Park präsentieren zu können. Ein Förderverein bemüht sich derzeit, die urspünglichen Parkstrukturen wieder für Besucher erlebbar zu machen.

Der Park führt zu einem **Gestüt**, das auf den Rennplätzen Europas einen exzellenten Namen hat. Gegründet 1883, gehört es zu den ältesten Vollblutgestüten Deutschlands. Viel Ruhe und viel Auslauf werden geboten, denn hierher kommen Pferde, um sich nach einer anstrengenden Rennsaison zu erholen oder nach einem erfolgreichen Rennleben den Ruhestand zu genießen. Gleich neben dem Park, nicht weit entfernt von der schmucken Kirche von 1710, deren Türen für jeden offenstehen, gibt es den „**Welsabsturz**". Die Welse, ein ansonsten friedlicher Bach, wird hier stürmisch und rauscht rund einen Meter in die Tiefe, um dann gemächlich weiter zur Oder zu fließen. Nach ein paar hundert Metern bildet sie entlang der **Blumberger Fischteiche** eine weitflächige, beinahe exotische Schilflandschaft. Hier, wo sich alljährlich im Spätsommer die Kraniche treffen, um zu „beratschlagen", wohin es im Winter gehen soll, erhebt sich ein gewaltiger Krakeel.

Abstecher nach Greiffenberg und Biesenbrow:
In der Welt des Ehm Welk

Nördlich von Angermünde liegen zwei Orte, die sicher mit Stolz das Etikett „typisch Uckermark" tragen. Dabei sind sie keinesfalls alltäglich.

Die Stadt in der Stadt – Greiffenberg
Hier drei Gründe für einen Besuch Greiffenbergs: Erstens ist sie mit 705 Einwohnern Brandenburgs kleinste Stadt. Der Trick: Greiffenberg gehört zwar zur Stadt Angermünde, hat aber seinen historischen Stadtstatus bis heute nicht verloren. Zweitens ist Greiffenberg ein dankbares Ziel für Burgenfreunde. Die Ruine der einst mächtigen **Burganlage** auf einer Anhöhe vor der Stadt überrascht. Während des Dreißigjährigen Krieges verloren sich die Spuren der einstigen Bewohner. Mit einem alljährlichen Burgfest halten die Greiffenberger die Erinnerungen an diese historische Zeit lebendig. Drittens die **Schaugärtnerei** des Vereins zur Erhaltung und Rekultivierung von Nutzpflanzen mit ihren Züchtungen, die weit über die Landesgrenzen hinaus bekannt ist. Blumen-, Gemüse- und Obstsorten werden hier angebaut, die ansonsten in Vergessenheit geraten sind. Schließlich: Das Gutshaus wird seit 1945 als Schule genutzt. Der 22 Meter hohe Turm erhielt 1965 eine drehbare Kuppel – eine Schulsternwarte.

Schau- und Lehrgarten
Burgstraße 20
OT Greiffenberg
16278 Angermünde
Tel. 033334 70232
www.genres.de

Biesenbrow – das echte Kummerow

Gleich hinter Greiffenberg liegt Biesenbrow. Ein uckermärkisches Dorf mit Feldern und Wiesen, roten Ziegel-
häusern und einer Feldsteinkirche. Ein Dorf, wie es im
Buche steht. Das Buch heißt „Die Heiden von Kummerow" (die Fortsetzung „Die Gerechten von Kummerow") und handelt genau hier.

Denn in Biesenbrow wurde Ehm Welk, der Autor
des Buches, geboren. Hier hat er seine Kindheit ver-
bracht und die Lausbubenstreiche erlebt, die die Lektü-
re so amüsant machen. Hier war Welks Traumland voller Abenteuer, Geheimnisse und heidnischer Sagen. Ein
paar Kilometer weiter, an der Oder, liegt das Dorf Kummerow, das als Namensgeber für Welks Romane diente.
Dennoch: Biesenbrow ist das Original!

In der Dorfmitte grüßt eine Orientierungsskizze
den Fremden und verrät, wo welche Erinnerungsstätte
zu finden ist. Da ist zunächst gleich nebenan die **Schule**. Eine einklassige preußische Zwergschule, die aber

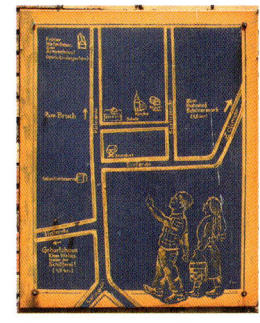

Orientierungsplan in Biesenbrow

Als die „Heiden von
Kummerow" 1967 verfilmt
wurden, fanden die
Außenaufnahmen allerdings
auf der Insel Rügen statt.

immerhin einen Romancier hervorgebracht hat. Dann
ist da die Kirche, in der der kleine Emil (so stand es auf
seinem Geburtsschein) Kirchdiener war, und gleich
nebenan der Friedhof mit dem Grab seiner Mutter. Das
Geburtshaus von Ehm Welk liegt etwa eineinhalb Kilometer vom Dorfkern entfernt. Kenner des Romans werden in Biesenbrow das Kriegerdenkmal, das Pfarrhaus,
das Spritzenhaus, den Gutshof mit der Brennerei und
die Schnitterkaserne wie eh und je vorfinden.

Freunde von Kummerow sollten unbedingt in
Angermünde auch das **Ehm-Welk-Museum** besuchen.
Es ist in einer Bauernkate untergebracht, die dem
Geburtshaus des Schriftstellers ziemlich ähnlich sieht.

*Schule, Kirche und Pfarrhaus von
Biesenbrow*

Ehm Welk, eigentlich Emil Welk, wurde am 29.8.1884 in Biesenbrow geboren und starb am 19.12.1966 in Bad Doberan.

Im Ehm Welk- und Heimatmuseum

Für Literaturfreunde ist die gesamte Wanderung quer durch die Uckermark auch eine Tour von Hans Fallada zu Ehm Welk. Auf dem Märkischen Landweg hatten wir die Gelegenheit, das Museum in Carwitz zu besuchen, heute kommen wir in die Heimat von Martin Grambauer, Krischan, Pfarrer Breithaupt und all den anderen Originalen aus den „Heiden von Kummerow". Ehm Welk teilte in gewisser Hinsicht das Schicksal seines Kollegen Hans Fallada am gegenüberliegenden Rand der Uckermark, als nicht emigrierter Autor im nationalsozialistischen Deutschland leben und arbeiten zu müssen. In Welks Fall sogar mit kurzzeitiger Inter-

![Ehm Welk- u. Heimatmuseum]

nierung im KZ Oranienburg. Er hatte kurz nach der Machtergreifung die Zensur und Goebbels kritisiert. Später zog er sich auf unverfängliche Themen zurück so wie Fallada auch.

Ein enger Freund von Welk, der Astronom und Autor Bruno H. Bürgel, hat die vielleicht schönste Beschreibung des Buchs „Die Heiden von Kummerow" verfasst: „Die ganze Frische, Natürlichkeit, Unbekümmertheit, Unkompliziertheit einer herzhaften Dorfjugend wird lebendig... Ein Buch voller Nichtsnutzigkeiten, Frechheiten, aber auch ein Buch voller Humor, Güte, Lebensweisheit, das Lachen und Weinen macht

Der Nachtwächter Bärensprung aus „Die Heiden von Kummerow" als lebensgroße Puppe im Ehm Welk- und Heimatmuseum in Angermünde

in einem." Das Buch hatte eine sehr seltene deutschdeutsche Begebenheit zur Folge: Der 1967 nach dem Buch gedrehte Spielfilm war eine gemeinsame Produktion der Bundesrepublik und der DDR, und das kam damals nicht alle Tage vor.

Das Ehm Welk-Museum wurde aus Anlass des 90. Geburtstages von Ehm Welk, dem Ehrenbürger der Stadt Angermünde, mit Unterstützung von Agathe Lindner-Welk geschaffen. Literaturfreunden ist es kein Geheimnis, dass vor allem die Kummerow-Bücher viel-

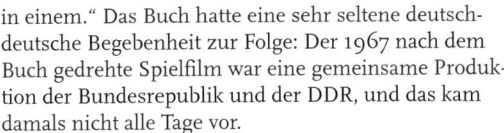

Ehm Welk über seine Zukunftspläne:

„Meine Mutter wollte, ich sollte Pastor werden; das wollten jedoch mein Vater und ich nicht. Mein Vater wollte, ich sollte Lehrer werden; das wollten meine Mutter und ich nicht. Ich wollte Maler oder Seemann werden; das wollten mein Vater und meine Mutter nicht."
Zur See ist Ehm Welk jedenfalls für ein paar Jahre gefahren.

fältige Ursprünge in Kindheits- und Jugenderlebnissen des Dichters aufweisen. Das Museum gestaltet neben den Ehm-Welk-Lesungen auch Veranstaltungen mit Autoren der Gegenwart. Wechselnde Sonderausstellungen bereichern die Palette. Seit 1992 vergibt der Landrat hier an Autoren des Landes Brandenburg den Ehm-Welk-Literaturpreis.

In wenigen Minuten Fußweg vom Bahnhof ist die Kulturstätte erreichbar und öffnet Haus und Garten zum Entdecken, Lesen, zum Kunstgenuss mit Muße und zum Entspannen.

Ehm Welk- und Heimatmuseum
Puschkinallee 10
16278 Angermünde
Tel. 03331 33381
info@
museumangermuende.de
www.museum
angermuende.de

Unterwegs im Barnimer Land:
Highlights der Schorfheide

Kloster Chorin
Klosterverwaltung
Am Amt Chorin 11 a
16230 Chorin
Tel. 033366 703-77
info@kloster-chorin.org
www.kloster-chorin.org

Zu Besuch im Kloster Chorin

Das Kloster Chorin ist vielerlei: eine atemberaubend romantische Kulisse, eine der beliebtesten Konzertbühnen Brandenburgs und ein vielgestaltiges Museum. Letzteres führt die Besucher zurück in eine Zeit, als die Kreuzritter ins Gelobte Land zogen und Mönche in den tiefen Wäldern Brandenburgs Landwirtschaft betrieben. Obwohl nur ein Fragment, beeindruckt das Kloster durch kühne Gewölbekonstruktionen, hoch aufragende Giebelwände mit einem dezenten, aber eindringlichen

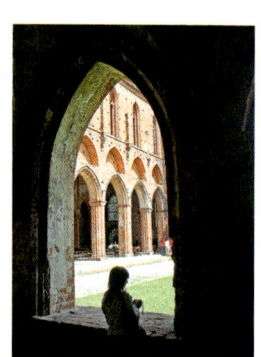

Schmuck. Am meisten aber ist es die Verflechtung von Baukunst und Natur, die den Besucher beeindruckt.

Dass das zwischen 1270 und 1300 erbaute Kloster überhaupt noch erhalten ist, verdankt es dem Baumeister Karl Friedrich Schinkel. Er entwarf grandiose Bauwerke und kümmerte sich auch um die Bewahrung nationaler Kunstwerke. Nachdem das Kloster jahrhundertelang als „Steinbruch" missbraucht wurde, ließ er den Verfall stoppen und sorgte für den Erhalt.

Die Verbindung von Geschichte, Natur und Musik ist der Grundgedanke des **Choriner Musiksommers**, ein Höhepunkt im Brandenburger Kulturkalender. Renommierte Orchester, Solisten und Dirigenten kommen nach Chorin, um Konzerte mit breitem musikalischen Spektrum aufzuführen. Ein Teil der Zuhörer sitzt im Kirchenschiff und erlebt traditionelle Konzertatmosphäre, andere genießen im Innenhof ein Open-Air-Konzert.

Wer nicht die Zeit für ein ganzes Konzert mitgebracht hat, hört sich die Probe an. In den Stunden vor der Aufführung treffen sich Orchester und Solisten auf der Bühne, und jeder kann zuschauen und zuhören.

Probe im Kirchenschiff, daneben die Schaufassade des Ostgiebels

Das **Kloster-Museum** bewahrt Zeugnisse aus der Zeit der Zisterzienser, gibt Auskunft über die Bewahrung und Wiederherstellung des Klosters im 19. Jahrhundert und berichtet über das alltägliche Leben im Umfeld des Klosters. Ein gut ausgestattetes Besucher- und Informationszentrum hilft bei den ersten Schritten auf dem umfangreichen Klostergelände. Ein dazugehöriger Klosterladen hält eine Auswahl an vertiefender Literatur bereit und sorgt natürlich auch für die beliebten Souvenirs.

Reste der Klostermühle

Hofladen Brodowin
Brodowiner Dorfstraße 89
OT Brodowin
16230 Chorin
Tel. 033362 60022
info@brodowin.de
www.brodowin.de

Kirchensommer Brodowin
www.kirchensommer-brodowin.de

Das Ökodorf Brodowin

Nur wenige Kilometer von Chorin entfernt befindet sich das Ökodorf Brodowin. Ein Dorf mit Geschichte: Hier wurde 1907 das erste Naturschutzgebiet Brandenburgs, das Plagefenn, bestehend aus Moor, Wald und See, ausgewiesen. Am 10.11.1937 fand in der Kirche zu Brodowin die „geheime" Bekenntnissynode der Bekennenden Kirche der Mark Brandenburg als Zeichen des Widerstands von Christen gegen den Nationalsozialismus statt.

Nach dem Zweiten Weltkrieg fanden Flüchtlingsfamilien eine neue Heimat in Brodowin. In den 1980er Jahren machte sich Brodowin vor allem mit dem „Brodowiner Kirchensommer" mit musikalischen Abenden, Vorträgen und Diskussionen einen Namen. Künstler und Wissenschaftler sowie ökologisch Interessierte kamen zu den „Brodowiner Gesprächen" ins Dorf. 1990 ging daraus der Verein Ökodorf Brodowin e.V. hervor.

Heute ist Brodowin vor allem durch seinen biologisch-dynamischen Landbau bekannt, mit seinem beständigen Kreislauf zwischen Boden, Pflanze, Tier und Mensch. Das heißt: Verzicht auf Kunstdünger und chemische Pflanzenschutzmittel, kein Einsatz von gentechnisch verändertem Saatgut. Im **Hofladen** am Rande des Ortes kann man die so entstandenen Produkte – erstaunlich, wie viele es davon gibt – kaufen und hinter dem Haus gleich probieren. Eine beliebte Erfrischung ist Buttermilch.

Nicht weit von Brodowin entfernt erheben sich die **Rummelberge**. Ein kurzer Anstieg – und es bietet sich ein traumhafter Ausblick in die Landschaft. Auf der einen Seite Brodowin, umgeben von seinen kleinen Seen, auf der anderen Seite der weitflächige Parsteiner See, an dessen Nordufer die Uckermark beginnt.

Oderberg und das Schiffshebewerk Niederfinow

Es ist keine gute Idee, in Oderberg zu fragen, wo hier die Oder fließt. Sie ist fünf Kilometer entfernt und beim besten Willen nicht zu sehen. Es ist die Alte Oder, die den Weg noch in den Ort findet. Dieser kleine Fluss darf noch die weiten Bögen ziehen, die der Oder seit der Begradigung unter Friedrich dem Großen ausgetrieben wurden.

Trotz dieses Schicksals fühlt sich Oderberg zu Recht als eine Stadt am Strom. Diese Rolle übernimmt heute die **Oder-Havel-Wasserstraße**, einer der wichtigsten Ost-West-Schifffahrtswege Deutschlands. Kurz hinter Oderberg wird der Kanal unterbrochen, um 36 Meter höher auf der Barnimer Platte seine Fortsetzung zu finden.

Binnenschifffahrts-Museum
Oderberg
Hermann-Seidel-Straße 44
16248 Oderberg
Tel. 033369 539321
www.bs-museum-oderberg.de

Foto Schiff: Binnenschifffahrts-Museum Oderberg

Das berühmte **Schiffshebewerk** von Niederfinow übernimmt die Arbeit, die 11.000 vorbeikommenden Schiffe jährlich die 36 Meter in die Höhe zu hieven. Es ist für Besucher zugänglich. Wer mag, kann auf den 208 Stufen nach oben den Höhenunterschied selbst ausprobieren. Eine riesige Baustelle kündet davon, dass das denkmalgeschützte Schiffshebewerk in den nächsten Jahren einen Nachfolger noch gigantischeren Ausmaßes erhält.

Oderberg ist zweifellos einen Besuch wert. Der Blick von den umliegenden Hängen auf den Kanal steht manch anderem Flusstal an Romantik in nichts nach. Besonders empfehlenswert ist das Binnenschifffahrtsmuseum mit dem Prunkstück, dem Schaufelraddampfer „Riesa", vormals „Habsburg", dem Kaiser Franz Joseph selbst die Ehre gab. Aber auch Flößer, Fischer und Binnenfischer vergangener Tage kommen in diesem Museum zu Ehren.

Technische Daten
Schiffshebewerk:
Inbetriebnahme: 21.03.1934
Baudauer: 7 Jahre
verbauter Stahl: 14.000 t
Höhe: 60 m
Länge: 94 m
Breite: 27 m
Gewicht des Trogs: 4.300 t
Hubhöhe: 36 m
Hubdauer: 5 Min.
Geschwindigkeit: 12 cm/sec
Zahl der Seile: 256
Seilstärke: 52 mm
Zahl der Nieten: ca. 5 Mio.
Durchfahrt: 20 Min.

Service

Rundflüge und Fotoflüge
über Angermünde
Straße des Friedens 3
16278 Angermünde
Tel. 0172 9321810

Biberburg-Tours
Abenteuerurlaub auf dem
Wasser – mit dem Floß
Schmargendorfer Weg 13
16278 Angermünde
Tel. 03331 21288
www.floss-miete.de

Eiscafé & Pizzeria Cadillac
Köller-Biomanufaktur
Bio-Eis, Bio-Pizzen u. v. m.
Lychener Straße 7
17268 Templin
Tel. 03987 200222
www.koeller-biomanufaktur.de

Multikulturelles Centrum
Templin
Prenzlauer Allee 6
17268 Templin
Tel. 03987 53130
www.multikulturelles
centrum.de

Kerzenmanufaktur
Candlelight
Mühlenstraße 8
17268 Templin
Tel. 03987 200589
www.kerzenmanufaktur-
templin.de

Schokoladen-Haus Wienold
Schauproduktion, Verkauf
Templiner Straße 36
OT Hammelspring
17268 Templin
Tel. 03987 209033
www.schokoladen-wienold.de

Uckermärkisches Volks-
kundemuseum in Templin
Prenzlauer Tor
17268 Templin
Tel. 03987 2725

Reederei Klapczynski
5-Seen-Rundfahrt mit dem
Fahrgastschiff „Uckermark"
Berliner Straße 2
17268 Templin
Tel. 03987 6622
www.FGS-Uckermark.de

Fahrgastschifffahrt
Oderberg – Erlebnisfahrt
durch das Schiffshebewerk
Galgenberg 3
16248 Oderberg
Tel. 0172 5742426
www.oder-schiff.de

Wussten Sie schon,

...dass „Uckermärker" besonders robust sind und viel Milch geben? Sie sind Deutschlands jüngste Fleischrindrasse, die 1992 offiziell anerkannt wurde.

Extratipp in Templin: der Sechs-Seen-Rundweg

Wie wäre es, fast einen
ganzen Tag lang immer
an Seeufern entlangzu-
wandern? Der 24 Kilo-
meter lange Sechs-Seen-
Rundweg ist dafür genau
das Richtige. Er beginnt
und endet in Templin und
bietet unterwegs viele
Bade- und Einkehrmög-
lichkeiten. Dazu Tier-
beobachtungen und wild-
romantische Pfade. Wer
die lange Distanz scheut,
hat mehrere Abkürzungs-
möglichkeiten.
Markierung: ein grüner
Balken.

Wanderhinweise: „Märkischer Landweg & Co", herausgegeben von der tmu Tourismus Marketing Uckermark GmbH
www.tourismus-uckermark.de

Der Südosten

**auf dem Märkischen Landweg
zwischen Angermünde und Schwedt/Oder
mit Stadtspaziergang in Angermünde**

Ostwärts Richtung Odertal

Zwischen Angermünde und Schwedt sind es nur zwei Etappen auf dem Märkischen Landweg. Aber was für Etappen! Auf wenigen Kilometern erleben wir all die Kontraste, die die Uckermark zu bieten hat, noch einmal konzentriert. Wer hier wandert, darf Überraschungen erwarten: den versteckten Waldsee, den Sumpf voller Leben, das gelb-rot-blaue Feld voller Mohn- und Kornblumen.

Angermünde präsentiert sich als beschauliche Ackerbürgerstadt. Die dazugehörige Landwirtschaft ist größtenteils mit dem Attribut „Bio" versehen und steht für Direktvermarktung. Milch, Joghurt, Quark und Butter aus dem Ortsteil Schmargendorf wird täglich frisch an viele Berliner Kunden geliefert. Dank der wald- und wasserreichen Umgebung darf sich Angermünde heute „staatlich anerkannter Erholungsort" nennen.

Hier kann es losgehen mit der Wanderung, die direkt in Richtung Oder führt. In Angermünde haben wir das Biosphärenreservat Schorfheide-Chorin verlassen – am Ende der Etappe werden wir den Nationalpark Unteres Odertal erreicht haben. Dieses Schutzgebiet findet auf

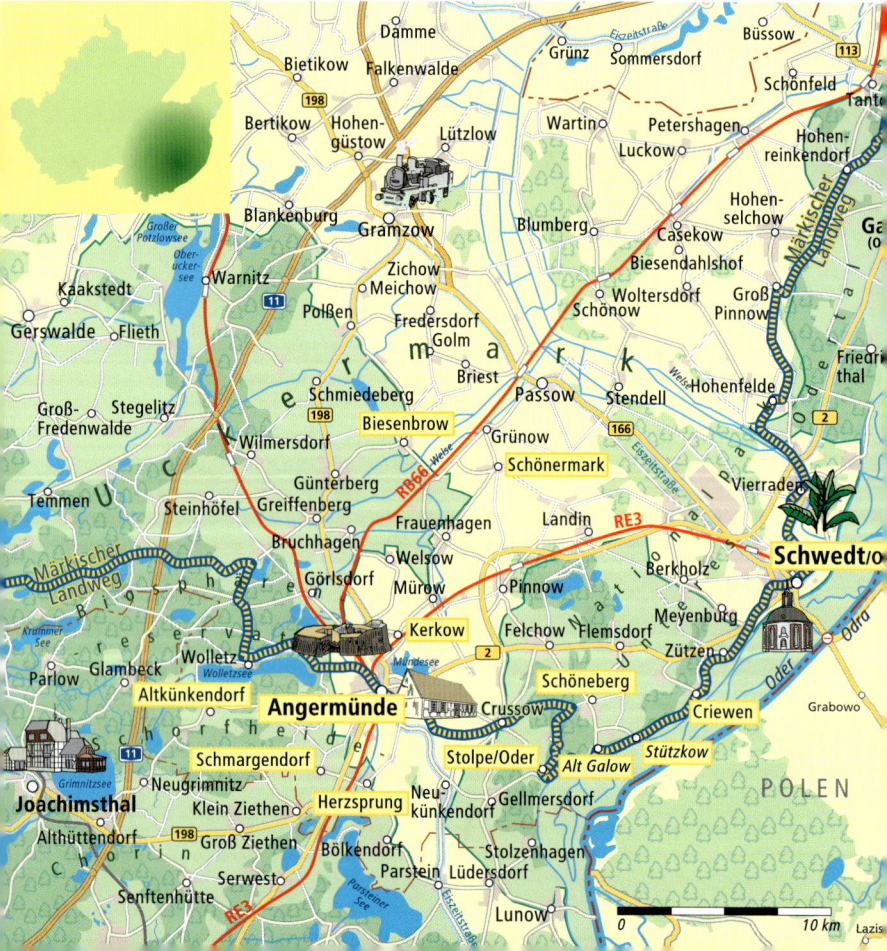

polnischer Seite seine Fortsetzung in zwei Landschaftsschutzparks. Daher der gern immer häufiger benutzte Begriff „Internationalpark".

Das Untere Odertal wird uns bis ans Ende des Märkischen Landweges begleiten. So, wie sich die Oder an der östlichen Grenze der Uckermark (sie ist hier zugleich Grenzfluss zwischen Deutschland und Polen) entlangzieht, erstreckt sich auch der Nationalpark fast 60 Kilometer in Richtung Ostsee. Die Grenzlage dieses Gebiets hat eine Flora und Fauna bewahrt, wie sie in Mitteleuropa selten geworden sind.

Freuen Sie sich auf Stolpe, einen liebenswerten kleinen Ort „hinter den Bergen", der mehr zu bieten hat als jenen berühmten Turm, der auch als „Grützpott" bekannt ist. Ein Name, der wenig Respekt zeigt vor der uralten Geschichte dieses Bauwerks.

Ein weiterer Höhepunkt auf diesem Abschnitt ist der Park von Criewen. Der große Gartenkünstler Peter Josef Lenné hat auch hier eine unvergessliche Probe seines einzigartigen Könnens hinterlassen. Um dieses Natur-Kunstwerk an der Oder schaffen zu können, wurde ein ganzes Dorf umgesiedelt. Nur das Kirchlein blieb am alten Ort und ist nun Zielpunkt der typisch Lennéschen Sichtachsen. Und verpassen Sie nicht das Nationalparkhaus gleich nebenan.

Nationalpark Unteres Odertal

Das Untere Odertal an der deutsch-polnischen Grenze gehört zu den wenigen naturnahen Flussauen Europas. Das rund 60 Kilometer lange Tal mit den angrenzenden Oderhängen ist der einzige Flussauen-Nationalpark in der Familie der 14 deutschen Nationalparks. Hier wird eine intakte Landschaft geschützt, die sich im Wechsel der Jahreszeiten mit Überflutungsgebieten und blühendem Trockenrasen zeigt.

Von November bis April stehen Tausende Hektar Wiesen und Weiden, Auwälder und Moore unter Wasser. Von 1906 bis 1928 wurde hier nach holländischem Vorbild ein Poldersystem angelegt, in dem sich das Hochwasser gut verteilen kann. In den Überschwemmungsflächen, Auwäldern, Altarmen, Sandbänken und Feuchtgebieten finden viele Tier- und Pflanzenarten optimalen Lebensraum. Das Frühjahr lockt Kiebitze, Brachvögel, Kampfläufer in die Auen. Sumpf- und Wasserpflanzen zeigen ihre Blütenpracht. Im Frühjahr und Herbst ziehen riesige Vogelschwärme durch das Tal. Hier rasten bis zu 65.000 Gänse und über 10.000 Kraniche, die im Februar zu den Singschwantagen und im Oktober zur Kranichwoche beobachtet werden können.

Über 200 Kilometer zum großen Teil asphaltierte Deichwege laden zum Wandern, Radfahren und Skaten ein. Wenn im Frühjahr das abfließende Winterhochwasser die Auenwiesen freigibt, erschließen sich herrliche Rundwege. Eine ganz andere Perspektive auf Flora und Fauna erhalten all jene, die an einer der geführten Kanutouren durch das Wasserlabyrinth der Oder-Altarme in den Flussauen teilnehmen. Für Spaziergänger führt ein Auenlehrpfad direkt nach Criewen zur historischen Schloss- und Gutsanlage der Familie von Arnim. Der Park, angelegt nach Entwürfen des Gartenbaumeisters Lenné, wartet auf mit Sichtachsen und seltenen Bäumen. Hier hat das Nationalparkzentrum seinen Sitz. Im einstigen Schafstall informiert das Besucherzentrum des Nationalparks über das Untere Odertal im Wandel der Zeit. Auf eine spannende Reise in die Zukunft nimmt Sie die neue Multimediaschau mit: Wie sieht sie aus – die Oderaue im Jahr 2095?

Nationalparkhaus Criewen, Park 2, OT Criewen, 16303 Schwedt/Oder, Tel. 03332 26772-44
Nlp-unteres-odertal@lua.brandenburg.de, www.nationalpark-unteres-odertal.eu

Uwe Schmidt, Sparkasse Uckermark:
Auf den Handschlag verlassen

Natur, Kultur und Wirtschaft – das passt oft nicht gut zusammen. In der Uckermark ist das anders, sagt Uwe Schmidt, und er wird das wissen, denn er ist seit zwanzig Jahren Vorstandsvorsitzender der Sparkasse in der Uckermark. Geboren wurde er in Ostfriesland und begann 1965 seine Ausbildung bei der Sparkasse Emden. Mit den Wendejahren lernte er die Uckermark kennen und lieben.

Wenn Sie die Uckermark beschreiben wollen, welches Wort fällt Ihnen als erstes ein?

Ganz einfach: Vielfalt. Denn von der Vielfalt lebt die uckermärkische Landschaft. Teils ist sie ganz flach, teils ist sie Hügellandschaft, die mit einer wunderbar artenreichen Natur ausgestattet ist. Wer Natur sucht, wer Ruhe will, der wird es in der Uckermark finden.

Sie sind als Vorstandsvorsitzender einer Bank jemand, der sich vor allen Dingen mit Wirtschaft beschäftigt. Natur und Wirtschaft werden aber oft als Gegensätze gesehen...

Das gilt in der Uckermark zum Glück nicht. Der Naturtourismus ist ganz sicher ein wichtiger Teil der uckermärkischen Wirtschaft.

Ich selber engagiere mich deshalb im Rahmen des Tourismusverbandes für die Region. Dabei steht natürlich die herrliche Natur im Vordergrund, das ist unser ganz großes Kapital und auch ein stetig wachsender Wirtschaftsfaktor. Außerdem spielt die Nähe zu Berlin eine wichtige Rolle. Selbst der Einzelhandel hier in Prenzlau profitiert von den Touristen, die zum Beispiel mit dem Fahrrad in Richtung Ostsee unterwegs sind.

Also zurück zur Natur?

Die Geschmäcker sind unterschiedlich. Die Landschaft und ihre Einsamkeit sind nicht das einzige, mit dem dieser Landstrich Gäste begeistern kann. Die Dörfer und Städte mit ihren historischen Bauten gehören auch dazu.

Und hier tritt die Sparkasse auf den Plan?

Ja, wir beteiligen uns als Sponsor in diesem Bereich. Wir haben wunderbare kleine Feldsteinkirchen auf dem Land mit teilweise tollen alten Orgeln, die aber allzu oft in einem sehr traurigen Zustand sind. Um bei der Rettung dieser Orgeln zu helfen, haben wir eine eigene Treuhandstiftung gegründet.

Ich finde, diese Instrumente sind nicht nur für die hiesigen Menschen wichtig, sie sind auch ein Anziehungspunkt für kulturinteressierte Gäste. Gleiches gilt für die bildenden Künste, denn die Uckermark hat sich zu einem Ort für Maler und Bildhauer entwickelt, die mit ihren Arbeiten teils von weit her ein Publikum anziehen, das sich meist auch für die Uckermark als Landschaft begeistern kann.

Das heißt, die Sparkasse ist nicht allein Sponsor, sondern auch Sammler?

Die Sparkasse Uckermark unterstützt diese Künstler durch eigene Ausstellungen im Haus und dadurch, dass wir eine eigene rein uckermärkische Sammlung aufgebaut haben.

Was zeichnet die Uckermark als Wirtschaftsstandort aus?

Natur, Kultur, Landwirtschaft und auch Industrie passen in der Uckermark mittlerweile ganz gut zusammen, auch wenn dieses Zusammenwachsen seine Zeit brauchte. Die Uckermark hat die gesamte Spannbreite der Wirtschaft – von der Großindustrie in Schwedt über die Landwirtschaft in der Fläche, die hier eine sehr gesunde Struktur hat, bis hin zu metallverarbeitenden kleineren und mittleren Unternehmen, die zum Teil hochinnovativ und sogar Weltmarktführer sind. Dann spielen seit einigen Jahren die erneuerbaren Energien, und hier vor allem die Windenergieerzeugung, eine große Rolle. Sie stoßen zwar Diskussionen an, schaffen andererseits jedoch auch viele Arbeitsplätze.

Die Sparkassen unterstützen ja wohl vor allem die kleineren Unternehmen...

Richtig, das Feld der Klein- und Kleinstunternehmer ist sehr breit und oft sehr ideenreich und kreativ, was auch damit zu tun hat, dass die Unternehmer hier in den vergangenen zwanzig Jahren immer gezwungen waren, sich anzupassen. Schwierig für alle, ob großes oder kleines Unternehmen, ist der sogenannte demografische Wandel und der Wegzug der Jungen in die Städte. Es fällt den Unternehmen zunehmend schwer, Auszubildende zu finden.

Sind die Uckermärker gute Geschäftsleute?

Was mir sehr gefällt, ist die Zuverlässigkeit, die den Umgang im Geschäft auszeichnet. Wenn man etwas miteinander abspricht, dann kann man sich darauf verlassen. Anders gesagt: Handschlagsgeschäfte sind ja nicht mehr erlaubt, aber ich würde sie mit den allermeisten unserer Partner eingehen.

Welches ist Ihr Lieblingsort in der Uckermark?

Einen Lieblingsort habe ich eigentlich nicht, aber eine Lieblingsart, mich fortzubewegen: das Fahrradfahren.

Ein Stadtspaziergang durch Angermünde:

Spuren von Mönchen und Ketzern

Tourismusverein
Angermünde e. V.
Brüderstraße 20
16278 Angermünde
Tel. 03331 297660
www.angermuende-
tourismus.de

mit der Bahn:
ab Berlin Hbf stündlich mit
dem RE 3

Was erwartet man von einer traditionsreichen branden-burgisch-preußischen Stadt? Eine Burg, eine Stadtmau-er, ein Kloster, eine Stadtkirche, einen Markt mit Rat-haus. All das hat Angermünde zu bieten – und noch viel mehr. Es ist eine traditionelle Ackerbürgerstadt, der man die ländliche Umgebung deutlich anmerkt. Und manches deutet darauf hin, dass sie es auch bleiben will. Die Fachwerkhäuser werden nach und nach unter Verwendung traditioneller Baumaterialien und -tech-niken restauriert, mit kräftigen Farben versehen und mit Blumen geschmückt. Angermünde ist eine farben-frohe Stadt. Die Stadtkirche St. Marien und die Franzis-kaner-Klosterkirche heben sich als steinerne Riesen über das gitterförmige Straßennetz heraus.

Viele der bis zu 300 Jahre alten Häuser wurden jüngst mit Informationstafeln versehen, die ihren histo-rischen Wert bekunden. Angermünde blieb zum Glück von den schlimmsten Kriegsfolgen verschont und hat

Der Angermünder Markt mit dem historischen Rathaus und dem aus vielen Einzelteilen bestehenden Marktbrunnen und dem nachgebauten „Schandesel", die Antwort der Angermünder auf den Schandpfahl

so seinen ursprünglichen Charakter bewahren können. Seit 1992 ist die Innenstadt Bodendenkmal und seit 1995 Sanierungsgebiet. Ein Rundgang durch die Altstadt bringt manche Begegnung; zum Gesamteindruck gehören allerdings viel Natur, Wasser, Parks und Wälder. Dafür sollte man eine längere Tour einplanen.

Ausgangspunkt des Innenstadtrundgangs ist die **Ratswaage** am südlichen Ende des Marktes. Das kleine unscheinbare Fachwerkhaus bot vor 300 Jahren den Bauern aus der Umgebung die Möglichkeit, ihre Waren zu wiegen und damit zu einem reellen Preis zu verkaufen. Der Angermünder Markt ist weitläufig – ein Indiz für den einstigen umfangreichen und lebhaften Handel. Heute bietet er Platz für eine mehrteilige **Brunnenanlage**, die seit 1999 immer mehr zu einem Wahrzeichen der Stadt wird. Es handelt sich dabei um eine Figurengruppe, die aus sechs Teilen besteht. Sie erzählen mit Humor Geschichten aus dem Leben Angermündes. Da ist der Stuhl, der zum Ausruhen einlädt, aber schon mit Gemüse belegt ist; eine Katze, die in aller Ruhe ihre Mäuse zählt; die Fische und Gewichte; die prall gefüllte Werkzeugkiste in einer Mauerecke; dann die Frau und der Mann, die fragend umherschauen. Das eigentliche Brunnenbecken ist ein alter, gestrandeter Kahn. Aus seinen Löchern fließt das Wasser.

Den passenden Hintergrund für das Brunnenensemble liefert ein eindrucksvolles Fachwerk-Bürgerhaus. Es ist über 250 Jahre alt und dient – nach der Sanierung – noch immer als Wohn- und Geschäftshaus. Schräg gegenüber steht das **Rathaus** von Angermünde. Es ist dem Templiner und dem Lychener ähnlich, so hatten preußische Rathäuser im 18. Jahrhundert eben auszusehen: frei auf dem Markt stehend und ein Türmchen mit aufsteigendem Adler an der Spitze.

Neben dem Rathaus verbirgt sich hinter tropischen Pflanzen und gemütlichen Sitzecken ein historisches Restaurant, das seinen Namen von einem Feldherren des Dreißigjährigen Krieges geliehen hat: Wallenstein.

Wilhelm Voigt, besser bekannt als „Hauptmann von Köpenick", erwischte man lange vor seinem legendären Coup in Berlin auf dem hiesigen Postamt beim Scheckbetrug und steckte ihn ins Stadtgefängnis. Das befand sich im ehemaligen Kreisgericht direkt hinter dem Rathaus. Seine Zelle Nr. 17 im ersten Stock ist noch unverändert erhalten.

Turm der St. Marienkirche

Der Widersacher von Gustav II. Adolf soll hier auf dem Weg nach Stralsund genächtigt haben. Drei Jahre später war der Schwedenkönig selbst in der Stadt. Die Bürger litten unter beiden.

Durch den Hohen Steinweg und die Kirchgasse gelangen wir zur **St. Marienkirche**. Ihr wuchtiger 53 Meter hoher Turm war bereits von vielen Punkten der Stadt aus zu sehen. Wenn man unmittelbar davorsteht, über die säuberlich behauenen Granitsteine staunt und die aus Backsteinen kunstvoll gestalteten gotischen Giebel bewundert, wird klar, dass hier einer der bedeutendsten Kirchenbauten Brandenburgs steht. Die Kirche hatte in alter Zeit bis zu 17 Nebenaltäre. Die erneuerte Bemalung der Gewölbe zeugt von der Farbigkeit des Mittelalters. Lustige Masken verleihen der Kirche etwas Heiteres.

Von St. Marien geht es durch die Scharfrichtergasse zur erst rund 150 Jahre alten **Martinskirche**. Es war das

Die Uckermark im Dreißigjährigen Krieg

Die Uckermark gehörte zu den besonders heimgesuchten brandenburgischen Landstrichen. Söldnerheere aller verfeindeten Lager zogen auf dem Weg von oder zur Ostsee hier hindurch. Erst pressten sie die Männer in Uniformen, dann plünderten sie Lebensmittel und Vieh, schließlich zogen sie mordend, sengend und vergewaltigend durch die Landschaft. Der nicht enden wollende Krieg machte aus Menschen Bestien. Die Jahre 1637 bis 1640 übertrafen die schon erlebten Schrecken noch um ein Vielfaches. Die Stadt Prenzlau war mal in der Hand der Schweden, mal gehörte sie Kaiserlichen, dann wieder den Schweden… Von den ursprünglich 1.100 Einwohnern überlebten nur 130 den Krieg. Aber auch sie konnten nicht froh über ihr Los sein. Den Söldnern folgten eine grausame Hungersnot und Seuchen. Die Stadthistorie berichtet über Kannibalismus unter den Bürgern. Viele Jahrzehnte benötigte das Land, um sich von diesem Krieg zu erholen. Und das, obwohl in der Uckermark – von kleineren Scharmützeln abgesehen – keine größere Schlacht stattgefunden hat.

Innenansicht der St. Marienkirche

turmlose Gebetshaus der Altlutheraner, die sich der von oben verfügten Vereinigung von lutherischer und reformierter Kirche widersetzten. Nur ein paar Schritte weiter: Jägerstraße 28, das **Scharfrichterhaus**. Es verliert seinen Schrecken, wenn man weiß, dass der Scharfrichter sein Geld vor allem mit der Abdeckerei, das heißt der Beseitigung von Tierkadavern, verdiente.

Das nächste Ziel ist die **Franziskaner-Klosterkirche**. Besser gesagt, das, was noch von ihr übrig ist. Sie gehörte zu einem Kloster der Bettelmönche des Franziskanerordens. Diesen in ihrem Glauben rigorosen Mönchen verdankte es Angermünde, dass es jahrhun-

Die Waldenser wurden als christliche Laienbruderschaft in der zweiten Hälfte des 12. Jahrhunderts in Lyon gegründet. Sie wurden 1184 von Papst Lucius III. exkommuniziert. Ihre Anhänger verstreuten sich über ganz Europa und kamen auch in die Uckermark. Trotz gnadenloser Verfolgung konnten sie als eigenständige Glaubensgemeinschaft überleben, gestärkt auch durch die in der Reformation entstandenen protestantischen Kirchen.

dertelang als „Ketzerangermünde" verschrien war. In die ferne Uckermark hatten sich Anfang des 14. Jahrhunderts Anhänger einer frühprotestantischen Sekte, die Waldenser, zurückgezogen. Die Franziskaner sorg-

Fassade des Dominikanerklosters

ten dafür, dass 1336 auf dem Angermünder Markt 14 von ihnen als Ketzer verbrannt wurden. Erst 200 Jahre später, als Luthers Reformation sich in Brandenburg durchsetzte, wurde Angermünde von seinem Makel befreit. Der protestantische Architekt Schinkel war es dann auch, der vor rund 180 Jahren die Klosterkirche als Baukunstwerk vor dem Verfall bewahrte. Heute dient sie als kulturelle Begegnungsstätte.

Entlang der Gasse Am Pulverturm steht noch ein Stück der einst 2,7 Kilometer langen **Stadtmauer** aus dem 13. Jahrhundert. Bei ihr besteht lediglich der Sockel aus Feldsteinen – alles darüber wurde aus Back-

Restaurant „Wallenstein"

steinen gemauert. Mit der Ausdehnung der Stadt verschwanden die Mauer bis auf wenige Reste und mit ihr auch die vier Stadttore. Erhalten hat sich allerdings der Pulverturm. Dieser ist 21 Meter hoch und reicht 3,50 Meter in die Tiefe. Seit 1850 nisten auf seiner Spitze Störche. Ein paar Meter stadteinwärts – und wir stehen vor der **Heilig-Geist-Kapelle**. Sie gehörte ursprünglich zu einem Hospital. An der Ecke Berliner Straße/Rosenstraße fällt ein weiteres restauriertes Fachwerkhaus auf: die Alte Apotheke von 1682. Hier lohnt sich ein Blick in den für die Gegend typischen Hof. Das Fachwerkhaus Rosenstraße 2 gilt als das schönste Haus der Stadt. Wir kommen noch einmal an der Kirche St. Marien vorbei und gelangen an das ehemalige Prenzlauer Tor.

Außerhalb ihrer Stadtmauern besaß Angermünde direkt am Mündesee eine **Burg**. Nur wenig ist davon noch erhalten. Aber die Reste der Mauer sind beeindruckend genug. Wo einst die Burgwälle Angreifer abwehren sollten, ist inzwischen eine Uferpromenade entstanden, um die man Angermünde beneiden kann. Früher wuschen die Angermünder hier ihre Wäsche, heute gönnen sie sich an dieser Stelle einen erholsamen Blick über den See.

Nicht zu übersehen, stehen hier Steinplastiken, die aus zentnerschweren Findlingen zusammengefügt wurden. Seit 1997 richtet Angermünde „**Hartgesteinsymposien**" aus, zu denen Bildhauer aus ganz Europa anreisen. Sie schaffen dann aus den eiszeitlichen Granitsteinen Kunstwerke. Diese Skulpturen an der Mündeseepromenade können bewundert, bestaunt oder auch belächelt werden. Auf jeden Fall laden die Skulpturen ein, die Landschaft auf neue Weise zu entdecken.

Heilig-Geist-Kapelle

...und keinesfalls verpassen:

Der klare, gut zugängliche **Wolletzsee** am Waldessaum nicht weit von Angermünde ist das Badegewässer schlechthin! Von Mai bis September hat das Strandbad geöffnet, das mit einem 3-Meter-Sprungturm, mit Kinderrutsche, Spielplatz und Volleyballplätzen die heißen Sonnentage gleich viel erträglicher macht. Der **Geologische Wanderpfad** am Wolletzsee lädt zur Beschäftigung mit eiszeitlicher Hinterlassenschaft ein. Der Weg beginnt an der Straße Angermünde – Altkünkendorf, führt über den Schäferberg und endet am Parkplatz des Strandbads. Was da unbeachtet als Feldstein in der uckermärkischen Landschaft liegt, kann hier unter geologischem Aspekt betrachtet werden.

Strandbad Wolletzsee
Am Wolletzsee
16278 Angermünde
Tel. 03331 32431

Familien mit Kindern wird es freuen: Die Uckermark hat auch einen **Tierpark** und der erwartet sie in Angermünde. Von allen Kontinenten kommen die rund 250 Tiere, die in dem 7,6 Hektar großen Parkgelände viel Platz haben. So kann der Tierpark mit allen sechs Kamelarten der Welt aufwarten. Damhirsche zum Anfassen und Füttern, drollige Kattas und Weißbüscheläffchen sind die Lieblinge der Jüngsten. Auch der Streichelzoo und der Abenteuerspielplatz sind beliebte Anlaufziele. Ganz im Stil der Ackerbürgerstadt wurden die Unterkünfte der Tiere liebevoll als Fachwerkhäuschen gestaltet. Und als einziger Zoo Deutschlands hat Angermünde eine große, künstlerisch gestaltete Sonnenuhr. Nach dem Tierparkbummel kann man hier gut verschnaufen.

Tierpark Angermünde
Puschkinallee 12 b
16278 Angermünde
Tel. 03331 32143

Das **Gut Kerkow** ist ein landwirtschaftlicher Betrieb, auf dem noch geschlachtet wird – pro Woche zwei Rinder und zwei Schweine. Das Ergebnis zeigt sich dann auf der Speisekarte der Speicherstube: Schlachteplatte, Gulasch vom Angusrind mit Nudeln, Sparribs vom Sattelschwein an frischem Salat und Kartoffelecken oder Zwiebelrostbraten und Steaks vom Angusrind. Wer sein Fleisch lieber selber zubereiten möchte, kann es auch im „Bauernmarkt" im selben Haus kaufen und nach Hause tragen. Es ist eine gute Möglichkeit, regionaltypische Spezialitäten wie Obstsäfte, Senf, Honig, Käse oder Brot mitzunehmen. Wem es hier richtig gut gefällt, der kann auch übernachten und die kurzen Wege in den Nationalpark, das Biosphärenreservat oder in die Innenstadt von Angermünde nutzen.

Prachtbulle „Lordlancer" – der ganze Stolz des Gutes Kerkow, inzwischen jedoch ausgestopft im Hofladen

Auf dem Märkischen Landweg, 7. Etappe:
Von Angermünde nach Stolpe/Oder

Märkischer Landweg
7. Etappe:
14,6 Kilometer,
4,5 Stunden

Noch ein Blick auf die Feldstein-Skulpturen am Mündesee und schon führen Feld- und Waldwege durch die Hügellandschaft nach Stolpe. Der Mündesee ist einer der letzten Seen, an dem wir auf unserer Wandertour durch die Uckermark vorbeikommen. Am Etappenziel bietet sich vom Stolper Turm ein wunderbarer Blick auf den Nationalpark Unteres Odertal. Flach bis zum Horizont liegen die von nur scheinbar chaotischen Flussarmen durchzogenen Wiesen und Auenwälder vor dem Wanderer.

Die Oder bildet hier die letzte noch intakte Flussaue Europas und ist ein Paradies als Brut-, Rast- oder Überwinterungsplatz für Wasservögel. Dadurch bietet jede Jahreszeit ihre Naturerlebnisse. Ein besonderes Schauspiel ist die Versammlung der Kraniche im Frühherbst.

Bei der Wanderung entlang der Oder sind die Vögel ständige Begleiter. Sie rascheln im Unterholz auf der Suche nach Nahrung, sie lassen ihren Gesang oder ihre Warnrufe hören, und sie zeigen sich als elegante Segler am Himmel. Mäusebussard, Merlin und Habicht stoßen blitzschnell herab, wenn ihre scharfen Augen etwas Eßbares erspäht haben.

Die beeindruckendsten Vögel aber sind See-, Fisch- und Schreiadler. Sie fühlen sich hier links und rechts der Oder wohl, und das ist ein gutes Zeichen für die Qualität der Natur. Der Schreiadler ist der seltenste der drei. Als Zugvogel überwintert er im südlichen Afrika. In Deutschland steht der kleine Adler auf der Roten Liste der stark gefährdeten Tiere. Die Nachtgreifvögel kreisen im Gegensatz zu den Adlern nicht am helllichten Tag über Feldern und Wäldern, sie machen es den Vogelinteressierten schwer. Sperlingskauz, einen Waldkauz, eine Sumpfohreule oder einen Uhu zu sehen, ist daher schon richtige Glückssache. Doch es gibt noch viele andere Vögel in dieser Region zu entdecken, denn hier brüten um die 160 verschiedene Arten.

Der rätselhafte Turm von Stolpe

Der Weg nach Stolpe führt über kurvige Wege. Versteckt hinter bewaldeten Hügeln, hat dieses 3.000-Seelen-Städtchen ein wenig von einem Luftkurort. Hier lauten Straßennamen An der Waldquelle und Am Schlangenbruch. Sogar ein Haus im Schweizer Stil steht dort, wo sich die Straße zum Turm den Berg hinaufwindet, der Besucher von überallher anzieht. Sie haben irgendwo vom **„Grützpott"** gelesen und wollen nun diese Kuriosität in Augenschein nehmen. Die Ausschilderungen in Stolpe sind sehr gut – aber von „Grützpott" steht da nichts. Vielmehr von **„Stolper Turm"**. Das klingt bedeutender, und der Turm hat es auch verdient. Er ist architektonisch im norddeutschen Raum eine absolute Seltenheit, und in ganz Europa gibt es nur eine Handvoll von Turmburgen, die es in den Ausmaßen mit ihm aufnehmen können.

Seine Entstehungsgeschichte verliert sich im tiefen Mittelalter. Man vermutet, dass es die Dänen waren, die Ende des 12. Jahrhunderts über Pommern herrschten und diesen gewaltigen Turm den Brandenburgern regelrecht vor die Nase setzten. Der Turm war nicht Teil einer größeren Burganlage, sondern er stand – von hölzernen Nebenbauten abgesehen – für sich allein. Er war groß genug, eine ganze Burgbesatzung aufzunehmen.

Bis auf ganz wenige Klöster gab es zu dieser Zeit zwischen Elbe und Oder ansonsten keine Ziegelbauten. Schon gar keine Wehranlagen, die Unmassen dieses damals wertvollen Baumaterials verschlangen. Die Wände maßen an der Spitze des Turms fast vier Meter. So imposant der Turm heute noch auf der Hügelkuppe erscheint, zwei Drittel des Baukörpers befinden sich unter der Erde. Dort sind die Wände sogar sechs Meter dick. Wie viel von dem Turm beim Angriff der Hohenzollern-Truppen 1445 kaputtging, ist nicht mehr genau feststellbar. Jedenfalls fiel die Spitze des Turms ins Innere und blieb dort als Schutt runde 500 Jahre liegen. Der Bau wurde dadurch konserviert und konnte nach

In sechs Meter Höhe befindet sich die „Tür" zum Turm.

Blick in den Wohnsaal

Eine Öffnung gibt den Blick in 19 Meter Tiefe frei.

umfangreichen Aufräumarbeiten für Besucher hergerichtet werden. So darf nach kurzem Aufstieg über eine
außen am Turm angebrachte Spindeltreppe jeder in
den einstigen Wohnsaal gelangen und von dort durchs
„Angstloch" in das 19 Meter hohe Verlies schauen. Bis
heute weiß man nicht, ob es ursprünglich als Vorrats-
lager oder tatsächlich als Kerker diente. Noch ein paar
Stufen höher – und der Besucher steht oben auf dem
„Dach" des Turms. Der Ausblick von hier ist fantas-
tisch. Nach Osten die Auen des Unteren Odertals, nach

Warum der Stolper Turm auch „Grützpott" heißt

Warum wird dieser Turm mit seiner langen Geschichte wenig respektvoll „Grützpott"
genannt? Einst lebte auf der Burg der Raubritter Tiloff. Vor allem auf Handelsleute
hatte er es abgesehen. An Markttagen spionierte er in Stettin aus, wer von ihnen viel
Geld oder wertvolle Ware mit sich führte, um ihn dann auszuplündern. Einer aber
war auf der Hut. Er zog seine Pistole und traf den Ritter ins Herz. Entsetzt flohen die
Knappen auf die Burg. Als die Kunde vom Tode des Ritters Tiloff in die umliegenden
Dörfer drang, versammelten sich die Bauern, um die verhasste Burg zu zerstören.
Aber im Turm waren noch die Kumpane verschanzt. Alles Verfügbare warfen sie auf
die Angreifer herab, schließlich sogar ihr Mittagessen, den Grützbrei. Der Stolper
Schmied, der auf der obersten Sprosse der Sturmleiter stand, bekam die heiße Grüt-
ze auf die Haube. Mit den Worten: „Den Grützpott werden wir bald ausräuchern!"
stieß er unerschrocken die Bohlentür auf. Das war das Ende des Raubritternestes.

Westen die Endmoränen, die sich hier zu einem Mini-
gebirge zusammengeschoben haben.

Stolpe war der Stammsitz eines der ältesten Adels-
geschlechter der Uckermark – derer von Buch. Ein
Gutshaus erinnert an sie und ein Park mit einem Erbbegräbnis. Vom Park heißt es, der große Lenné habe
einen Anteil an seiner Gestaltung. Man glaubt es gern
angesichts der kunstvollen Anlage, zu der auch ein
kleines Wildtiergehege gehört. Im Erbbegräbnis der
Familie von Buch am Rand des Parks befindet sich auch
die letzte Ruhestätte des berühmtesten Sprosses der
Familie: Christian Leopold Freiherr von Buch. Er war
einer der bedeutendsten Geologen des 19. Jahrhunderts, gilt als der Begründer der modernen Vulkanolo-
gie und arbeitete bei der Erforschung der Erde mit Alexander von Humboldt zusammen.

Wer Appetit bekommen hat, ist in Stolpe gut aufgehoben, denn es gibt das Restaurant „Stolper Turm":
bürgerliche Küche und dazu einen herrlichen Blick von
der Terrasse auf die Hohensaaten-Friedrichsthaler-Wasserstraße.

*Die Hohensaaten-Friedrichs-
thaler-Wasserstraße bei Stolpe*

Park und Schloss derer von Buch in Stolpe

Die Kalit

Nicht immer war es selbstverständlich, Hunger und Durst am fein gedeckten Tisch zu stillen. Die Bauern und Landarbeiter vergangener Tage nahmen ihr Essen und Trinken mit hinaus aufs Feld. Gut verstaut war in der Uckermark unserer Großeltern die transportable Mahlzeit in der Kalit, dem Brotbeutel für das einfache Volk. Sie bestand aus geflochtenen breiten Holzspänen. Die Trageschnur, mit der die Kalit über der Schulter getragen wurde, hielt den Korb und seinen Deckel zusammen – so konnte nichts verloren gehen.

Weidenkorb
Neu Galower Weg 22
16278 Schöneberg
Versand auch über Internet
www.weidenkorb.de

Aus dieser Zeit stammt der Spruch: „Ohne Kalit kein Tagewerk und kein Leben." In einigen Touristinformationen in der Uckermark stehen sie zum Verkauf, gelegentlich auch gefüllt mit feinen Produkten aus der Region. Zu haben ist die Kalit auch im „Weidenkorb" in Schöneberg, beim einzigen Hersteller dieses zeitlosen Korbes in der Uckermark. Es gibt ihn in drei Größen. Für ein echtes Picknick ist aber nur die große Kalit zu empfehlen.

Uckermärkisches Landbrot aus ökologischem Anbau

Wer hätte das gedacht? In der südlichen Uckermark liegt das größte ökologisch bewirtschaftete Ackerbaugebiet Europas. Hier wächst das Getreide, aus dem Bäckereien der Region jenes deftige dunkle Landbrot herstellen, das gerade bei den Großstädtern immer beliebter wird. Als Grundlage wird ein hoher Anteil an Roggenmehl eingesetzt. Dinkel, eine alte, fast vergessene Getreidesorte, kommt ebenfalls vermehrt zum Einsatz, außerdem Zutaten wie Kürbiskerne, Walnüsse, Mohrrüben, Buttermilch... Eine Angermünder Bäckerei kreierte zur „Grünen Woche" ein Brot, in das Schinkenstücke eingebacken sind. Sein Name: „Bullenkruste".

Auf dem Märkischen Landweg, 8. Etappe:
Von Stolpe/Oder nach Schwedt/Oder

Märkischer Landweg
8. Etappe:
23,9 Kilometer,
5,5 Stunden

Von Stolpe mit langer Geschichte geht es nun durch den Nationalpark Unteres Odertal in die jüngere Vergangenheit, nach Schwedt, die Stadt, die nach dem Zweiten Weltkrieg ihren Aufschwung nahm. Eine ganz besondere Zwischenstation ist Criewen mit seinem Lenné-Park.

Wasser ist hier ein vielfältiger Begleiter: Zuerst die großen und zugleich still-romantischen **Fischteiche** bei

Stolpe und später die Hohensaaten-Friedrichsthaler-Wasserstraße, die angelegt wurde, um einen ganzjährigen Schifffahrtsbetrieb aufrechtzuerhalten. Nach Alt-Galow führt der Märkische Landweg über eine Brücke auf das rechte Ufer des Kanals, auf den Oder-Neiße-Radweg.

Nach gut zwei, drei Kilometern ist **Stützkow** erreicht. Das sehr hübsch am Ufer der Wasserstraße gelegene Dorf war zu früheren Zeiten vor allem vom Fischfang geprägt. Dass hier Fischer lebten, war ein Glück für einige flüchtige preußische Soldaten, die sich vor napoleonischen Truppen per Boot vor der sicheren Gefangennahme ans gegenüberliegende Ufer retteten. Dafür bekamen die Stützkower später mit den benachbarten Gemeinden das Goldene Zivilehrenzeichen der 1. Klasse verliehen.

Waren es bisher vor allem die weiten Blicke, die sich einprägten, ist es bald dichter Wald, der den Weg begrenzt. Kurz vor Criewen lädt ein kleiner, informativer Zwischenstopp die Wanderer ein: ein **Quellerlebnispfad**. Auf wenigen Metern kann man allerhand lernen. Denn beim ersten Blick sehen kleine Quellen zwar immer schön, aber doch unbewohnt aus. Kein Fisch,

Von Stützkow aus führt eine Treppenstiege hinauf auf den Richterberg, von wo sich ein einmaliger Blick über das Odertal bietet. Siehe Foto S. 8/9

keine Schnecke, kein Krebs ist zu sehen. Aber es gibt sie doch, die Lebewesen. Sie sind nur sehr klein und gut versteckt, wie zum Beispiel die Köcherfliege, die als Tarnung und Schutz einen Panzer aus Steinchen und Pflanzenteilen trägt.

Mitten im Wald bei Criewen liegt überraschend das **Grab eines Pferdes**, der Hauptstammbuchstute Orchidee, geboren 1958 und gestorben 1978. Diese Stute, so informiert eine Tafel, hatte eine ganz besonders erfolgreiche Sport- und Zuchtlaufbahn und ist wohl der ganze Stolz des Reit- und Fahrvereins in Criewen – bis heute, denn das Grab zeugt so ganz ohne Unkraut von wiederkehrenden freundlichen Besuchern.

Bei den Arnims in Criewen

Nun ist es Zeit für ein besonderes Erlebnis: Criewen, das ehemalige slawische Fischerdorf. Wir treffen hier wieder auf die Familie derer von Arnim. Einer von ihnen ließ das Fischerdorf 1816 abreißen und weiter östlich wieder aufbauen, um Platz für einen

Kirchlein im Landschaftspark von Criewen

Schloss Criewen

Landschaftspark zu schaffen. Er holte sich dafür Hilfe bei Peter Joseph Lenné, den großen preußischen Landschaftsarchitekten. Der zeigte sein ganzes Können, Baumgruppen, Sichtachsen, künstliche Gewässer und romantische Parkarchitekturen ließ er anlegen. Er pflanzte exotische Gehölze neben einheimischen. Das Markanteste im Park ist das gotische Kirchlein aus dem 13. Jahrhundert, das sogar einen Kirchhof besitzt. Mitglieder der Familie von Arnim liegen dort begraben. Am Ende des Parks steht das klassizistische Schloss Criewen. Bei den Arnims hieß es bescheiden „Guthaus". Heute werden die Räume von einem deutschpolnischen Begegnungszentrum genutzt.

Es ist zu vermuten, dass die Arnims in Criewen eine riesige Schafherde besaßen, gemessen an dem Gebäude, das als „Schafstall" präsentiert wird. Heute befindet sich darin das große **Informationszentrum** für den Nationalpark Unteres Odertal. Alle Mittel der modernen Ausstellungstechnik werden aufgeboten, um die Besucher auf eine Zeitreise von der Eiszeit bis in die nähere Zukunft des Unteren Odertals zu schicken.

Altes Criewener Bauernhaus

Hier begegnet man einerseits Mammuts und Bären als Siedler in der nacheiszeitlichen Tundra, andererseits Elchen und Wisenten als wiedergekehrte Bewohner einer sich selbst überlassenen Natur. Hauptattraktion des Nationalparkhauses ist ein riesiges Aquarium. Es fasst 15.000 Liter Wasser und zeigt das Unterwasserleben in der Oder mit Hecht, Zander und Quappe. Sogar ein virtueller Flug über die Auenlandschaft und ein Blick in die mikroskopisch kleine Welt in einem Was-

sertropfen sind hier möglich. Der Besucher verlässt das Haus mit der Einsicht, dass die Zukunft der Menschen nur gesichert ist, wenn sich die Natur nach ihren eigenen Gesetzen entwickeln kann.

Nach der Theorie kommt die Praxis. Ein kurzer Spaziergang führt über die Hohensaaten-Friedrichsthaler-

Wasserstraße zum Oderdamm und weiter in die **Auenwiesen** des Unteren Odertals. Das wird eine Wanderung im Niemandsland zwischen Deutschland und Polen, der Mensch allein mit der Natur.

Im Nationalpark-Informations-zentrum

Aus einer uckermärkischen Speisekarte, 2. Teil

Wer sich im Gasthof „Zur Linde" eine Pause gönnt, stößt auf eine Speisekarte, die manches über die Küche der Uckermark aussagt. Da gibt es die „Criewener Schlachtplatte" mit Sülze, Grützwurst, gebratenem Schweinebauch auf Sauerkraut mit Salzkartoffeln, „deftigen Schweinebraten" mit Backpflaumensauce, Apfelrotkohl und Semmelknödel oder „Hackfleischroulade nach Bauernart", bestehend aus Hackfleisch mit Mais und frischem Paprika, gebuttertem Rosenkohl und Kartoffeln.

Service

Landkulturverein
Biesenbrow „Die Erben
von Kummerow" e. V.
Führungen durch den
Geburtsort von Ehm Welk
Heidenstraße 23
OT Biesenbrow
16278 Angermünde
Tel. 033334 70495
www.landkulturverein-
biesenbrow.de

Dorfverein Stolpe e. V.
Turm-Führungen
Am Kanal 1
OT Stolpe
16278 Angermünde
Tel. 033338 528 und 566
www.dorfvereinstolpe-
uckermark.de

Reitpension
am Wiesengrund
Kutsch- und Kremser-
fahrten, Reiten
Am Wiesengrund 22
OT Herzsprung
16278 Angermünde
Tel. 03331 298824
www.reitpension-
wiesengrund.de

Schönermarker
Pferdeparadies
Urlaub im Zigeunerwagen
Am Dorfanger 7
OT Schönermark
16278 Mark Landin
Tel. 033335 7670
www.pferdeparadies-
schoenermark.de

Schul- und Heimatmuseum
Schönermark
Horst Fichtmüller
Am Dorfanger
OT Schönermark
16278 Mark Landin
Tel. 33335 41354

Touren mit dem Quad
Carsten Hintze
Berliner Tor 27
16278 Angermünde
Tel. 03331 296645
www.quadtouren-
uckermark.de

Atelier für Gefilztes
Birgit Uhlig
Oberwall 37
16278 Angermünde
Tel. 03331 301370
www.birgit-uhlig.com

Wussten Sie schon,

…dass es eigens ein Kochbuch für die uckermärkische Küche gibt? Unter dem Titel „Ma(h)l Zeit für die Sinne" haben Köche ihre Lieblingsrezepte zusammengetragen.

Extratipp: die Lehrschäferei Friedrichsfelde

Die Uckermark ist ein Schaf-Land, auch wenn deren Zahl von 100.000, vor einhundert Jahren, auf nur noch 10.000 zurückgegangen ist. Die Schäfer geben sich die größte Mühe, die alten Traditionen am Leben zu erhalten. Mit Wollseminaren, Filzen, Spinnen und Weben erhalten sie alte Handwerkstechniken am Leben. Publikumsmagnet ist die alljährliche Schafschur. Die Lehrschäferei bietet ganzjährig Führungen an.

Friedrichsfelder Weg 11
16278 Angermünde, OT Steinhöfel
Tel. 033334 70761

Der Nordosten

**auf dem Märkischen Landweg
zwischen Schwedt/Oder und Mescherin
mit Stadtspaziergang in Schwedt/Oder
und Stippvisite in Gartz (Oder)**

Weiter die Oder stromabwärts

Schwedt/Oder ist die an Einwohnern größte Stadt der Uckermark, dennoch ist sie nicht die Hauptstadt des Landkreises geworden. Sie kann es verschmerzen. Ihre bewegte Vergangenheit bietet genügend Stoff für Bürgerstolz. Sie war Residenzstadt einer Nebenlinie der in Berlin und Potsdam herrschenden Hohenzollern, die sich ihren Verzicht auf dynastische Erbansprüche durch einen üppigen Lebensstil versüßen ließ.

Schwedt war eins von drei Zentren des deutschen Tabakanbaus. Einwanderer aus Frankreich und anderen Ländern nutzten die klimatischen Vorzüge der Oderregion, um die exotische Tabakpflanze erfolgreich zu kultivieren.

Nach schweren Zerstörungen in der Schlussphase des Zweiten Weltkrieges wurde Schwedt als Industriestadt wiedererrichtet. Aus der Residenz- wurde eine Industriestadt. Hier endet eine Pipeline, die Öl aus dem Ural nach Westeuropa pumpt. Hier stehen die Anlagen, die daraus unter anderem Benzin herstellen. Und keine andere deutsche Stadt liefert so viel Papier.

Aus der Zeit der Schwedter Markgrafen hat die Theatertradition überlebt. Die Uckermärkischen Bühnen Schwedt

haben sich über die Uckermark hinaus einen guten Namen erworben.

Von der Schwedter City aus führt eine Straßenverbindung ins benachbarte Polen – das äußere Zeichen für eine vielseitige Verbindung zwischen den Menschen über die Oder hinweg.

Nördlich von Schwedt setzt sich der Nationalpark Unteres Odertal fort. Die Auenlandschaft bietet auch hier einzigartige Bedingungen für Flora und Fauna, für Rad- und Wanderwege.

Der Märkische Landweg führt von Schwedt zunächst nach Vierraden. Hier verwundern Gebäude, die so gar nicht zu einem beschaulichen Dorf passen wollen. Da sind zum einen die Reste einer mittelalterlichen Burg und zum anderen die noch sehr ansehnlichen Tabakspeicher. Einer von ihnen mutierte zum Tabakmuseum, wo keinesfalls kritiklos dem blauen Dunst gehuldigt wird.

In Mescherin endet der Märkische Landweg. Der Ort gilt als einer der schönsten in Brandenburg. An den Hängen zur Oder gibt es blühende Gärten. Am Ende einer schmalen Autobrücke befindet sich die Grenze zu Polen. Sie ist eine Einladung zu einem Kurztrip ins Nachbarland.

Wo der Wanderweg endet, muss längst nicht das Ende der Uckermark-Tour sein. Es gibt schließlich noch die alte Handelsstadt Gartz (Oder).

Die Oder

Die Oder ist ein internationaler Strom. Sie entspringt im tschechischen Riesengebirge, fließt durch Polen und bildet dann auf 179 Kilometern die Grenze zwischen Deutschland und Polen, bevor sie auf polnischem Gebiet um die Inseln Usedom und Wolin herum nach 898 Kilometern in die Ostsee mündet.

Die Oder ist ursprünglich ein wilder Fluss. Aus den Bergen bringt sie seit jeher Wasser, Schlamm und Geröll mit. Und das sehr unregelmäßig. So wechseln sich Perioden mit Niedrigwasser und solche mit Hochwasser ab. Dann sind riesige Flächen überschwemmt und für die Landwirtschaft kaum zu gebrauchen. Das Leben am Fluss war lange Zeit unstet und arm.

Die Landschaft entlang der Oder ähnelte bis vor 250 Jahren der des heutigen Spreewaldes – sie war typisch für das eiszeitlich geprägte Brandenburg. Aber warum sollte in Brandenburg nicht auch funktionieren, was seit Jahrhunderten in Holland gang und gäbe war: die Eindeichung von Land, die Schaffung eines Poldersystems – also die Gewinnung von fruchtbarem Land. Seit rund 300 Jahren gibt es die Bemühungen, die Oder zu zähmen. Am aktivsten ging Preußenkönig Friedrich II. die Sache an. Ein neues Flussbett wurde ausgehoben, Dämme wurden gebaut, Entwässerungsgräben gezogen. So wurde die Oder zwischen Lebus und Oderberg in einen neuen Verlauf gepresst. Der Fluss verlief nach und nach ohne Biegungen beinahe geradeaus. So entstand das Oderbruch, der Gemüsegarten Berlins. Der Nachteil: Die Oder ließ sich nur schwer zähmen, und die Auswirkungen der dennoch eintretenden Hochwasser waren entsprechend katastrophal.

Im Unteren Odertal – entlang der Uckermark – war die Strategie eine andere. Hier richtete man sich auf die Überschwemmungen ein, schuf ein Poldersystem zur Wasserregulierung und baute für die Schifffahrt einen eigenen Kanal, der gegenüber der Oder durch einen Damm geschützt ist – die Hohensaaten-Friedrichsthaler-Wasserstraße. Sie wird häufig mit der Oder verwechselt, die in Schwedt zum Beispiel vom Straßenniveau nicht zu sehen ist. Die Oder hat eben viele Gesichter.

Reinhard Simon, Uckermärkische Bühnen Schwedt:
„Gemischtwarenladen" mit Anspruch

Die Uckermärkischen Bühnen Schwedt – kurz ubs – sind kein übliches Stadt-theater. Bereits der Name macht es deutlich: Man versteht sich als Theater für den ganzen Landkreis und auch darüber hinaus. Der Intendant Reinhard Simon leitet das Haus seit 20 Jahren. Er führt auch Regie und ist als Autor dabei, wenn das Theater neue Musical-Produktionen entwickelt. Die neue-ste heißt „Durchgeknallt im Elfenwald", für die man sich von Shakespeares „Sommernachtstraum" inspirieren ließ.

Die Uckermärkischen Bühnen Schwedt sind erstaunlich groß, und die Arbeit hier geht weit über Theateraufführungen hinaus. Wie entstand dieses Konzept?

Das hängt damit zusammen, dass die Uckermärkischen Bühnen Schwedt aus einem Theater und einem Kulturhaus entstanden sind. Zu Beginn wurden wir dann auch als „Gemischtwarenladen" bespöttelt, aber die Zeit hat unserem Weg recht gegeben. Das Angebot von Schauspiel und großen Shows einerseits sowie Tagungen und Messen anderer-seits deckt viele Besucherinteressen ab, und das zeigt sich auch in unseren wirt-schaftlichen Zahlen.

Ist der Spielplan ähnlich bunt gefächert?

Unser Spielplan spannt einen weiten und abwechslungsreichen Bogen, der vom Klassiker bis zum Musical reicht. Wir sind zwar ein Einspartentheater für Schauspiel, bieten aber auch Konzerte, Musiktheater, Kinder- und Jugendpro-gramme. Was unser Ensemble nicht selbst leisten kann, holen wir uns als Gastspiel ins Haus. Wir bringen Vertrau-tes auf die Bühne, experimentieren aber auch gern. Zum Beispiel führen wir ein-mal im Jahr am Ostersamstag beide Teile der Goetheschen Faust-Tragödie an einem Tag auf. „Faust auf Faust" ist ein Ereignis, zu dem Zuschauer aus ganz Deutschland zu uns kommen. Immer-hin besitzen wir mehrere Spielstätten:

Wir verfügen über einen großen Saal, einen kleinen Saal, ein Intimes Theater, spielen aber auch im Foyer, sogar in der Theaterklause und im Sommer auf der Freilichtbühne im benachbarten Huge-nottenpark. Hier starten wir im Sommer 2011 mit „Im Bannfluch der Götter", eine Fantasysaga, die zu Zeiten der Chri-stianisierung im Unteren Odertal spielt. Ein opulentes Stück mit dramatischen Kämpfen und einer berührenden Liebes-geschichte. Sie sehen, wir haben für jedes Genre die geeignete Spielstätte.

Gibt es auch eine Zusammenarbeit über die Oder hinweg?

Selbstverständlich. Das betrifft Gast-spiele, aber auch umfangreiche deutsch-polnische Koproduktionen, vor allem mit den Stettiner Theatern. Mit der *Opera na Zamku w Szczecinie* (Oper im Schloss Stettin) haben wir bereits zahlreiche Operetten und Musicals auf die Bühne gebracht. Und das *Teatr Lalek Pleciuga* (Puppentheater Pleciuga) ist seit Jahren Partner bei unseren zweisprachigen Weihnachtsmärchen.

Die Uckermark ist eine Kulturlandschaft, ist sie auch eine Landschaft mit Kultur?

Denken Sie doch nur an die vielen histo-rischen Kulturstätten – das Dominika-nerkloster Prenzlau oder das Kloster Chorin. Beides Orte, an denen wir häu-fig gastieren. Die Uckermark war aber

stets auch Arbeitsmittelpunkt für Künstler, die nicht von hier stammen. Schriftsteller wie Horst Bastian, der zu DDR-Zeiten hier lebte, oder der Dramtiker Botho Strauß, der hier ein Haus hat, haben diesen Landstrich als Rückzugsraum für sich entdeckt. Es gibt eine ganze Reihe von Künstlern aller Genres, die in den vergangenen Jahrzehnten den Weg in die Uckermark fanden.

Schwedt ist doch etwas anders, wenn man die Stadt mit Angermünde, Templin oder Prenzlau vergleicht...

Das ist richtig, denn zum einen war und ist Schwedt ein Industriestandort durch die Petrolchemie und die Papierfabriken. Der Bau der großen Kombinate führte dazu, dass die Stadt nach dem Zweiten Weltkrieg explosionsartig wuchs und viele Menschen aus Magdeburg, Leipzig oder Rostock hier ihre Heimat fanden. Darunter waren viele Ingenieure, Wissenschaftler und Techniker, die neue

Einstellungen und Lebensgewohnheiten mitbrachten. Das ist bis heute spürbar.

Wie spüren Sie das?

Die gebürtigen Uckermärker haben für mich etwas mit meiner Heimat Rostock zu tun, das ist ja auch eher flaches Land. Ich habe hier die Erfahrung gemacht, dass man Fremden etwas zurückhaltend gegenübertritt. Wenn das Eis dann aber gebrochen ist, sind die Menschen sehr freundlich und warmherzig.

Ein Tipp von Ihnen für die, die sich hier noch ein bisschen umsehen wollen...

Da kann ich eine Fahrradtour nach Criewen und Stolpe empfehlen. Zum einen lohnt der Weg und ist bestens zum Radfahren geeignet und zum anderen gibt es dort Lokale, in die man gut einkehren kann. Eine Tour, die ich selber immer wieder gerne unternehme.

Ein Stadtspaziergang durch Schwedts Mitte:
Eine Residenz- und Industriestadt

Tourismusverein National-
park Unteres Odertal e. V.
Vierradener Straße 34
(ab Ende 2011:
Berliner Straße 46/47)
16303 Schwedt/Oder
Tel. 03332 2559-0
Fax 03332 2559-59
touristinfo@
unteres-odertal.de

mit der Bahn:
ab Berlin Hbf stündlich mit
dem RE 3 (ggf. umsteigen in
Angermünde)

„Besucht Schwedt an der Oder, das Potsdam der Uckermark", diese gewagte Tourismus-Werbung findet sich
in einer faktenreichen Broschüre aus dem Jahr 1929,
die es im Schwedter Stadtmuseum als Nachdruck zu
kaufen gibt. Die Anzeige des städtischen Verkehrs-
amtes, aus der das Zitat stammt, verrät auch, worauf
sich dieser Vergleich bezieht: auf ein „prachtvolles
Hohenzollernschloss sowie herrliche Parkanlagen". 16
Jahre nachdem dies aufgeschrieben wurde, waren in
Potsdam und in Schwedt die Innenstädte ein Trümmer-
berg und von den Stadtschlössern nur noch Fassaden-
teile vorhanden. In Potsdam richtete das 1945 ein einziger Bombenangriff an, in Schwedt waren es
wochenlange Kämpfe. Weitere 16 Jahre später mussten
selbst die Reste der beiden Hohenzollernschlösser dem
sozialistischen Neuaufbau weichen. Doch damit enden
die Vergleiche zwischen Schwedt und Potsdam keines-
wegs, wir kommen darauf zurück.

Wer sich heute Schwedt nähert, kommt entweder an
den riesigen Papierfabriken oder an den kilometerwei-
ten Anlagen der PCK Raffinerie vorbei. Und an großflä-
chigen Plattenbausiedlungen. Sie sind Zeugnisse für
das taktgleiche Wachstum von Industrie und Stadt in
den 1960er bis 1980er Jahren. Aus der Residenzstadt
mit rund 10.000 Einwohnern wurde in 25 Jahren eine
für DDR-Verhältnisse moderne Industriestadt mit über
52.000 Einwohnern.

Heute ist die moderne Industrie nach wie vor mit
gigantischen Anlagen in Schwedt vertreten. Täglich
werden Millionen Zeitungen auf Papier aus Schwedt
gedruckt, jeder zehnte Liter Benzin, der auf Deutschlands Straßen verbraucht wird, ist von hier. Aber die

Blick von der Stadtpfarrkirche

heutige Wirtschaft kommt mit weniger Arbeitern aus. So hat sich die Einwohnerzahl Schwedts in den vergangenen Jahren um ein Drittel reduziert. Dennoch blieb sie die größte Stadt der Uckermark. Gleichzeitig besannen sich die Schwedter auf ihre historischen Wurzeln. Der Rundgang durch die Innenstadt wird zeigen, wie liebevoll die Zeugnisse der Vergangenheit wiedergewonnen und gepflegt werden. Das Vorurteil, Schwedt sei eine Retortenstadt, wird sich schnell zerstreuen.

Georg Wilhelm Berlischky, Landbaumeister, geb. 1741 in Märkisch-Buchholz, gest. 1805 in Schwedt

Der Berlischky-Pavillon an der Lindenallee

Kopien barocker Figuren im Europapark von Schwedt

   Die Tour beginnt an einem historischen Wahrzeichen Schwedts, dem **Berlischky-Pavillon** nur fünf Minuten vom Bahnhof entfernt am Rand der Lindenallee, Schwedts breiter Magistrale. Als Relikt aus einer anderen Zeit steht er zwischen modernen Wohnbauten. Er wurde für die französisch-reformierte Gemeinde gebaut, als Schwedt seine Blüte als Markgrafenresidenz erlebte. Die Hugenotten, die durch das Toleranz-Edikt des „Großen Kurfürsten" an die Oder gelockt wurden und hier unter anderem den Tabakanbau einführten, erhielten damit ein eigenes Gotteshaus. Die Kirche diente auch als Grabkapelle der markgräflichen Familie. 1984 wurde der Bau von Grund auf restauriert und trägt seither den Namen „Berlischky-Pavillon". Er wird für Konzerte und als Standesamt genutzt.

Einige Meter wiederhergestellte Schlossgitter erinnern an die Zeit, als Schwedt Residenzstadt war.

Am Ende der Magistrale thront unübersehbar das Gebäude der **Uckermärkischen Bühnen**. Es wurde 1978 als Kulturhaus eröffnet. Es steht an der Stelle, an der sich einst das Schwedter Schloss befand. Wenn schon das Schloss verloren ist, kann man doch zumindest das Gitter rund um den Schlosspark wieder errichten. Das dachte sich ein rühriger Verein, der immerhin die ersten 50 Meter samt Gartenportal setzte. Aus dem barocken Schlosspark mit Rondellen, schattigem Laubengang, einem Naturtheater, Goldfischteichen, Orangerie und Fasanerie ist inzwischen der wesentlich bescheidenere **Europäische Hugenottenpark** geworden. Kopien von sieben Sandsteinskulpturen, die antike Gottheiten und Musen darstellen, erinnern an den historischen Charakter des Parks. Einst waren es 26 Figuren aus der Werkstatt des in Potsdam tätigen königlichen Hofbildhauers Carl Philipp Glume. Zu den Sehenswürdigkeiten im Park gehört eine Sonnenuhr

Die Hohenzollern in Schwedt

Die Familie des brandenburgischen Kurfürsten Friedrich Wilhelm, des „Großen", war es, die Schwedt über einhundert Jahre lang prägte: Zunächst ließ sich seine zweite Gemahlin, die Kurfürstin Dorothea, hier nieder, dann deren Söhne und Enkel. Die waren von der hohenzollerischen Erbfolge ausgeschlossen, konnten jedoch dank einer gehörigen Abfindung als „Markgrafen von Schwedt" ein aufwendiges Hofleben führen. Einer der Schlossherren brachte es auf den Beinamen „der tolle Markgraf". Schwedt wurde damals „das lustige Städtlein an der Oder" genannt.

Die Uckermärkischen Bühnen Schwedt: Hauptgebäude und Intimes Theater

aus dem Jahr 1740, die fast auf die Minute genau geht. Der Europäische Hugenottenpark umfasst das Gelände zwischen den Gebäuden der Uckermärkischen Bühnen und der Hohensaaten-Friedrichsthaler-Wasserstraße.

Das Schwedter „Bollwerk"
mit dem Juliusturm

Am Ende des Parks geht der Weg in eine großzügige Uferpromenade über, die den markigen Namen „**Bollwerk**" trägt. Der frisch befestigten Uferböschung ist anzusehen, dass es das Oderhochwasser den Schwedtern auch heute nicht leicht macht. Die Hohensaaten-Friedrichsthaler-Wasserstraße verläuft parallel zur Oder am westlichen Rand des bis zu drei Kilometer breiten Unteren Odertals. Sie soll vor allem die Schifffahrt zwischen Frankfurt (Oder) und Sczcecin sicherer machen. Eine Anlegestelle direkt neben der Stadtbrücke wird von Fluss-Kreuzfahrtschiffen auf ihrem Weg zur Ostsee genutzt.

Ein weithin sichtbares Bauwerk am „Bollwerk" ist der **Juliusturm** aus dem Jahr 1909. Er war Teil der ersten zentralen Abwasserentsorgung und damit ein Grundstein für die industrielle Entwicklung der Stadt.

Rund einhundert Meter weiter am Ufer entlang begegnet der Besucher dem letzten Binnenfischer

Die Skulptur „Neptun mit Seejungfrauen" vor der Stadtbrücke

Städtische Museen
Schwedt/Oder
Jüdenstraße 17
16303 Schwedt/Oder
Tel. 03332 23460
www.schwedt.eu/
stadtmuseum

Schwedts. Gleich neben den Räucheröfen wird der Fang zum Kauf angeboten. Eine besondere Attraktion ist das kleine **Fischereimuseum** mit jeder Menge Fangutensilien und einer Holzhütte voll von Fischer-Gerätschaften. Gleich nebenan gibt es einen Bootsverleih und eine Ufergaststätte mit Fischgerichten.

Der weitere Weg führt stadteinwärts in die Gartenstraße. Dieser Stadtteil war vor der Zerstörung 1945 geprägt von armseligen Fischerkaten. Dazwischen erhoben sich riesige Tabakspeicher. Ein solcher **Speicher** ist zwischen der Garten- und der Gerberstraße erhalten geblieben. Das Gebäude wurde in den 1880er Jahren für eine Tabakfirma errichtet. Nach 1902 nutzte es die Uckermärkische Tabakverwertungsgenossenschaft. In Selbsthilfe wollten damals die Genossenschaftsmitglieder die zum Teil bereits vernachlässigte Kultur des Tabakanbaus erneuern. Der Kunstverein Schwedt e.V. eröffnete 1998 in dem Haus die „**Galerie am Kiez**". Wechselnde Ausstellungen, der vorweihnachtliche Kunst- und Kunsthandwerkermarkt und das Internationale Landschaftspleinair gehören zu den wiederkehrenden Ereignissen.

Schwedt war im 18. und 19. Jahrhundert eine der brandenburgischen Städte mit einer verhältnismäßig großen jüdischen Gemeinde. Jenseits der Stadtmauer baute sie sich eine Synagoge und ein Ritualbad, die **Mikwe**. Unterhalb der gemauerten Kuppel geht es fast fünf Meter in die Tiefe, wo sich die orthodoxen Gläubigen einer rituellen Waschung unterzogen. Das Ritualbad und das danebenstehende Tempeldienerhaus blieben zum Glück erhalten und konnten restauriert werden, während die **Synagoge** auf dem gleichen Grundstück die Nazizeit nicht überstand. Das Ensemble ist seit jüngster Zeit eine museale Einrichtung. Das Fachwerkhaus, in dem der Tempeldiener wohnte,

wurde als Informations- und Kommunikationsstätte
zur jüdischen Kultur ausgebaut.

Der Weg führt nun durch die Louis-Harlan-Straße.
Hier steht ein sanierter **Rest der Stadtmauer** aus dem
18. Jahrhundert. Eine Tafel erinnert an die zerstörte
Synagoge gleich hinter der Mauer. Es war pure Absicht,
dass sie mit fünf Metern die Höhe der Potsdamer Stadtmauer um das Zweifache übertraf. Wie ihr Vorbild in
der Residenzstadt an der Havel, diente auch sie vor
allem der Verhütung von Desertationen der hier statio-
nierten Soldaten. Ab 1875 blieben die Stadttore auch
nachts geöffnet. Die Mauer hatte damit ihre Funktion
verloren.

Durch enge Gassen führt die Tour zur Jüdenstraße,
zum **Stadtmuseum**. Im Erdgeschoss informiert eine
Dauerausstellung über die ersten Siedler in der
Gegend, über die mittelalterliche Entwicklung der Stadt
und die Markgrafenzeit. Eine wichtige Rolle spielen die
Fischerei und der Tabakanbau. Sonderausstellungen im
Obergeschoss ergänzen die musealen Angebote.

Nur wenige Schritte sind es nun zur Vierradener
Straße, der **Schwedter Fußgängerzone**. In der Nachbarschaft von Geschäften und Cafés befindet sich bis Ende
2011 hier die Touristinformation, die nicht nur für die
Stadt, sondern gleich für das gesamte Untere Odertal
zuständig ist und entsprechende Tipps parat hält. Ab
2012 bezieht die Touristinformation neue Räume im
Gebäude der Uckermärkischen Bühnen am Ende der
Berliner Straße.

Dominiert wird die Vierradener Straße von der evangelischen **Stadtpfarrkirche St. Katharinen**. Bei etwas
genauerem Hinsehen fallen die verschiedenen Baupha-
sen auf: Nach dem vereinfachten Wiederaufbau nach
1945 bringt es der Turm mit 32 Metern nur noch auf
die Hälfte seiner ursprünglichen Höhe. 176 Stufen führen auf die Turmplattform, von der sich ein eindrucks-
voller Blick über Schwedt und Umgebung bietet.

*Reste der Schwedter Stadt-
mauer mit dem einstigen
Zugang zur jüdischen Synagoge*

Eine Tafel an der Mauer aus
dem Jahr 1988 verkündet:
„Hier stand von 1862 bis zu
ihrer Vernichtung durch die
Faschisten in der Pogrom-
nacht vom 9. Nov. 1938 die
Synagoge der Schwedter
Jüdischen Gemeinde."

Die rituellen Waschungen
in der Mikwe benötigen
reines, fließendes Wasser.

Architektonische Vielfalt im Umkreis des Vierradener Platzes

Der Tabakbrunnen

Letzte Station der Stadterkundung ist der **Vierradener Platz** mit einer ganzen Reihe historischer Bauten: der katholischen Kirche von 1898 mit ihrer modernen Innenausstattung und dem früheren Amtsgericht mit angeschlossenem Stadtgefängnis auf der gegenüberliegenden Seite des Platzes. Die Zellenfenster sind noch gut erkennbar.

Das durch Fachwerk verzierte markante Gebäude am Ende der Vierradener Straße ist die sogenannte **Stadtmühle**. Bevor das Haus eine elektrisch betriebene Mühle beherbergte (daher der Name), befand sich hier eine Seifenfabrik. Mitten auf dem Platz steht der **Tabakbrunnen** aus Keramik, aufgestellt 1972. Die Bahnhofstraße führt zum Ausgangspunkt der Tour, dem Berlischky-Pavillon, zurück.

Übrigens: In den 1980er Jahren war Schwedt stolz auf seine 16 Betriebssportgemeinschaften, darauf, dass das CENTRUM-Warenhaus Zierkerzen aus dem hiesigen Petrolchemischen Kombinat verkaufte, dass es über 30 Gaststätten gab und dass jede dritte Familie über einen Kleingarten im Stadtgebiet verfügte.

Flaniermeile Vierradener Straße

…und keinesfalls verpassen:

Schwedt ist eine grüne Stadt mit 30.000 Bäumen. Im Nordwesten der Stadt wurde um 1700 nach französischem Vorbild der **Park Monplaisir** angelegt. Im Eingangsbereich befindet sich ein historisches Jagdschloss. Die Goldfischteiche und künstlichen Wasserläufe sind noch vorhanden. Hier stehen die ältesten und stärksten Bäume der Stadt. Im Norden befindet sich der **Park Heinrichslust**. Das ehemalige Lustwäldchen wurde 1777 auf Anordnung des letzten Markgrafen angelegt. Am Rand dieses Parks steht ein Denkmal für den Schwedenkönig Gustav Adolf II., der hier 1631/32 ein Winterlager unterhielt.

Das **Freizeit- und Erlebnisbad AquariUM** bietet auf einer Fläche von 3.500 Quadratmetern ein abwechslungsreiches Sport- und Erlebnisangebot. Es herrschen konstante 30 bis 32 °C, das Wasser hat 27 bis 30 °C, es gibt eine 80-Meter-Riesenrutsche, ein Spaßbecken mit Strömungskanal und eine Wasserkaskade. Fünf verschiedene Saunen und ein großzügiger Liegebereich bieten Wellness pur.

Das ehemalige **Wasserwerk** am Heinersdorfer Damm wurde 1911 errichtet. Wahrzeichen ist der 45 Meter hohe Wasserturm. Heute sind Brunnenhaus und Pumpenstation ein Hotel und ein Restaurant.

Ein „Hingucker" der besonderen Art ist das **Wandbild** an den Giebeln der Bahnhofstraße 2–8. Das Wohnhaus wurde 2002 umfangreich saniert. Nach Abschluss der Arbeiten gestaltete der Frankfurter Künstler Christoph Neubauer beide Giebel des Hauses mit illusionistischen Ansichten. Der Südgiebel bietet die perfekte Illusion der historischen Seilergasse.

Parkschlösschen Monplaisir in Schwedt
Foto: Stadt Schwedt/Oder

Im Aquarium

links: Ein neues Wandbild schafft die Illusion vom ehemaligen Schwedt.

rechts: Der Wasserturm am südlichen Stadtrand

Auf dem Märkischen Landweg, 9. Etappe:
Von Schwedt/Oder nach Groß Pinnow

❌ Märkischer Landweg
9. Etappe:
23,9 Kilometer,
5,5 Stunden

Nun geht es wieder aufs Land. Erstes Ziel ist **Vierraden**. Der Name des kleinen Ortes wird damit erklärt, dass es hier einst eine Mühle mit vier Mahlgängen gab, also vier Rädern. Es gab auch eine Burg, die den Grafen von Hohenstein gehörte. Der Turm ist noch zu sehen (Foto links), von der einstigen Wehranlage allerdings nicht mehr viel. Früher tobten hier heftige Kämpfe zwischen Brandenburgern, Pommern und Mecklenburgern, denn Vierraden mit seinem Übergang über den Fluss Welse war ein strategisch wichtiger Ort. Später, in ruhigeren Zeiten, verfiel die Burg. Ihre Steine sollen zum Bau des Schwedter Schlosses benutzt worden sein. Noch einmal, im Jahr 1945, wurde der Turm militärisch genutzt: als Beobachtungspunkt. Zwei Soldaten verloren damals ihr Leben und der Turm seine Spitze.

Eine treue Wegbegleiterin: die Welse

Die Welse durchquert auf ihren 52 Flusskilometern die östliche Uckermark. Sie entspringt dem Präßnicksee in der Nähe von Ringenwalde, durchquert den Wolletzsee, kommt an der Blumberger Mühle vorbei und schlägt dann einen Bogen, um bei Schwedt in die Hohensaaten-Friedrichsthaler-Wasserstraße zu münden.

Nach dem Besuch des Tabakmuseums (siehe Seiten 118/119) geht es weiter in Richtung Norden. Nun wird es einsam und still, ein imposanter Hohlweg ist zu passieren. Wir überschreiten die Welse, kommen durch offene Landschaft und erreichen **Hohenfelde**.

Die kleine Dorfkirche verdankt ihre Existenz einer großen Spendenaktion zu Beginn des vergangenen Jahrhunderts: Den Bewohnern von Hohenfelde war der Weg nach Vierraden in die Kirche zu beschwerlich, gerade im Winter. Geld für ein eigenes Gotteshaus war aber auch nicht da. Der Pfarrer Wilhelm Erxleben war allerdings ein rühriger Mann und veröffentlichte Flugblätter und Ansichtspostkarten mit einem Spendenaufruf. So brachte er sogar Kaiser Wilhelm II. dazu, Baumaterial in erheblichem Umfang zu spenden. Kaiserin Auguste Victoria ergänzte eine Altarbibel und ein liturgisches Gefäß. Kanzel, Altarwände, zwei Glocken, eine Turmuhr und die Fenster wurden „gebraucht" gekauft, sie stammten aus der in Berlin abgerissenen Golgathakirche. Der Besucher, der heute nach Hohenfelde kommt, hat es also Pfarrer Erxleben zu verdanken, dass er sich an dieser Kirche mit ihrem außergewöhnlichen Turm erfreuen kann.

Westlich von Hohenfelde liegt ein Ort namens **Kummerow**. Bei diesem Namen wird vielleicht der eine oder die andere ein kenntnisreiches „Ah, hier spielt das also!" ausstoßen. Aber das ist ein Irrtum. Dieses Kummerow hat nichts mit Ehm Welks Buch „Die Heiden von Kummerow" zu tun, liegt doch der Geburtsort des Autors ein paar Kilometer entfernt (siehe Seiten 74–77).

Nach so viel Kultur und Geschichte heißt es Durchatmen und Laufen: Auf einem herrlichen und sehr angenehmen Waldweg geht es immer an der Grenze zum Nationalpark entlang, an Kiefern, Lärchen und Feldern vorbei. Bald ist **Groß Pinnow** erreicht.

Gasthof Pahl mit Kräutergarten und Bauernhof
Dorfstraße 13
OT Kummerow
16303 Schwedt/Oder
Tel. 033336 55002

Ein Tabakmuseum auch für Nichtraucher

Wo auf den Feldern zwischen Schwedt und Vierraden heute Mais wächst, standen vor rund einhundert Jahren Tabakpflanzen. Tabak aus Schwedt war in Raucherkreisen ein Begriff. Im Guten wie auch im Schlechten. Der große Brandenburg-Kenner Theodor Fontane verfasste nach dem „Genuss" einer Zigarre folgenden Vers:

> „Vierraden. Uckermärkisch Blatt.
> Sie war, zu schließen nach meiner Weh,
> Höchstens aus der Kastanienallee,
> Sie war nicht gesauct, sie war gejauct,
> Und ich habe seitdem nicht wieder geraucht."

Ausgerechnet Fontane beschwerte sich über den uckermärkischen Tabak! Schließlich waren es Hugenotten, genau wie seine eigenen Vorfahren, die das berauschende Kraut ins östliche Brandenburg brachten. Das war Ende des 17. Jahrhunderts, als das Land nach dem

Tabakmuseum Vierraden
Breite Strasse 14
16303 Schwedt/Oder
Tel. 03332 250991
www.tabakmuseum-
vierraden.de

Dreißigjährigen Krieg fast entvölkert war und Neusiedler händeringend gesucht wurden. Mit dem Tabakanbau an der Oder schlug der damals regierende Hohenzoller zwei Fliegen mit einer Klappe: Die Flüchtlinge aus Frankreich schufen sich eine Erwerbsgrundlage, und der Tabak musste nicht mehr im Ausland teuer eingekauft werden. Die Uckermark wurde bald neben Baden und der Pfalz eins der größten Tabakanbaugebiete Deutschlands. Freilich war die Qualität nicht die allerbeste, aber man kannte ja nichts anderes.

Als Fontane seinen Vers dichtete, kam Tabak inzwischen mit Dampfschiffen aus Sumatra und Brasilien. Wer es sich leisten konnte, orderte eine gute Zigarre aus der Karibik. Der Tabak aus Schwedt und Umgebung kam ins Gerede und diente meist nur noch als Beimischung. In der Nachkriegszeit und zu Zeiten der devisenarmen DDR war der Tabak aus Schwedt ein wichtiges Produkt. Die Blätter eigneten sich besonders gut als Deckblätter von Zigarren. In den Tabakscheunen wurden sie massenhaft getrocknet.

Im Tabakmuseum von Vierraden ist die ganze Geschichte des uckermärkischen Tabaks ausgestellt. Auf drei Etagen wird der Weg der Tabakpflanze aus der Neuen in die Alte Welt verfolgt, werden Anpflanzung und Verarbeitung demonstriert. Aber auch das ganze Drumherum ist zu sehen: eine riesige Sammlung von bunten Zigarettenschachteln, die verschiedenen Zigarrenformen, Kau- und Schnupftabak, sogar die „Dienstkleidung" eines Zigarettenschmugglers. Zu den 500 Quadratmetern Ausstellungsfläche in einer ehemaligen, heute denkmalgeschützten Tabakscheune kommt noch eine umfangreiche Freifläche mit Tabakanpflanzungen und verschiedenen Geräten hinzu. Wer mag, kann hier Samenkörner für Ziertabak kaufen oder sich über Pflanzen zur Rauchentwöhnung informieren. Ob Raucher oder Nichtraucher, einen Besuch dieses vielsei-

Die Tabakernte in früheren Zeiten

Im September begann die Ernte. Alle mussten ran, um die langen Blätter dicht am Stengel abzubrechen und zu Bündeln zusammenzulegen. Auf dem Hof wurden die Bündel auf Schnüre gezogen und in den riesigen Scheunen zum Trocknen aufgehängt. Wenn die Tabakblätter trocken waren, kamen sie in die Fabriken.

tigen Museums sollte niemand verpassen. Wenn im Spätsommer das Tabakblütenfest gefeiert wird, gibt es in der Tabakscheune Kaffee und frischen Blechkuchen, das Dorf schmückt sich, und es spielt die Musik auf.

Auf dem Märkischen Landweg, 10. Etappe:
Von Groß Pinnow nach Mescherin

Märkischer Landweg
10. Etappe:
19,1 Kilometer,
4,5 Stunden

Der letzte Abschnitt des Märkischen Landwegs führt in Richtung Westoder, direkt an die Grenze zu Polen. Von Groß Pinnow geht es vorbei an Feldern und am Waldrand entlang. In der Hitze des Hochsommers bietet sich eine Erfrischung in der „Linde" in Heinrichshof an. Dann ein Ort wie aus dem Bilderbuch: eine Kirche, ein Dorfteich, ein Junge mit Angel. Es ist nichts zu hören außer den gackernden Hühnern und dem Wind,

der in den Bäumen raschelt. Willkommen in **Hohenreinkendorf**! Es ist Zeit für eine Rast im Schatten am Dorfteich, bevor es weiter zur **Salvey Mühle** geht.

Grenzpfähle an der Oder als Auslaufmodell: Sie werden einfach nicht mehr erneuert.

Gastlich endet die Tour auch im letzten Ort auf dem Märkischen Landweg: **Mescherin**. Ein Ort, der wieder an seine Tradition als Ausflugsort anknüpft. Früher waren es die Stettiner, die hier „rauskamen". Es gibt heute eine ganze Reihe Möglichkeiten, sich zu stärken und zu übernachten, auch einen Campingplatz. Die Westoder, an der Mescherin liegt, bildet die Grenze zu Polen. Am Ende des Ortes führt eine kleine Brücke in das Nachbarland. Wer das Land im Osten kennenlernen möchte, hat in Mescherin einen guten Ausgangspunkt.

Um „Auf Wiedersehen" zum Märkischen Landweg zu sagen, bieten sich der Stettiner Berg oder der Seeberg an. Beide sind über 40 Meter hoch und bei gutem Wetter reicht der Blick bis nach Szczecin.

Ferienhof Salvey Mühle
Salvey Mühle 3
OT Geesow
16307 Gartz (Oder)
www.salveymuehle.de

Die Salvey Mühle

Es waren Zisterzienser-Mönche, die vor rund 760 Jahren im Salveytal damit begannen, Wasserkraft zum Kornmahlen und zum Holzsägen zu nutzen. Die Räder von insgesamt fünf Wassermühlen klapperten dort im Lauf der Zeit. Eine davon, die Salvey Mühle, ist heute noch vorhanden und steht als Ensemble unter Denkmalschutz. Als Ferienhof erwartet sie Gäste mit Sinn für Natur und Geschichte. Wer Ferien machen will, ist hier – ganz typisch Uckermark – gut aufgehoben: Fledermäuse und Biber gehören zur Nachbarschaft, im weitläufigen Hofgarten wird gegrillt, während sich die Gäste vom Ausflug in das weite Land ausruhen. Die historische Mühlentechnik wird in einem kleinen Museum präsentiert. Der besondere Stolz ist eine Francis-Turbine, von denen es in Deutschland nur noch wenige gibt. Sie treibt eine Horizontalsäge an.

Grüne Aussichten in Gartz
oben rechts: „Das süsse Leben"

Stippvisite in Gartz (Oder)

Es ist wohl unbestritten, dass Gartz seine großen Zeiten im Mittelalter hatte. Damals war die Stadt eine pommersche Festung vor Stettin, da war sie Mitglied der Hanse (nicht einmal die heutige Hauptstadt der Uckermark hatte das geschafft!) und gehörte für ein paar Jahre sogar zu Schweden. Der Zweite Weltkrieg hat der Stadt sehr zugesetzt. Noch heute stehen zwei einsame Brückenpfeiler in der Oder, die zeigen, wie wichtig Gartz für beide Seiten des Stroms war. Die nächstgelegene Großstadt ist das 30 Kilometer entfernte polnische Szczecin.

Eigentlich gehört Gartz zu Vorpommern. Mit dem kleinen Rest, der nach 1945 auf der westlichen Seite der Oder von dieser preußischen Provinzstadt noch übrig blieb, wurde Gartz zunächst Mecklenburg-Vorpommern, 1950 dann Brandenburg zugeschlagen. Dort blieb der Ort auch nach der Wiedergeburt des Bundeslandes im Jahr 1990.

Der erste Besuch in Gartz gehört der Oder, genauer der Westoder, die sich vier Kilometer vor der Stadt von der Ostoder abgezweigt hat. In Gartz fließt der Strom wieder direkt an der Stadt vorbei und nicht – wie schon wenige Kilometer weiter südlich – hinter einem meterhohen Deich versteckt. Auf die riesigen Polderflächen der Oderauen im Nationalpark können sich die Einwohner von Gartz verlassen. Bei Hochwasser steigt die Oder nur um wenige Meter.

Direkt am Wasser führt auch der Radweg durch Gartz, auf dem wichtige Strecken verlaufen: der Oder-Neiße-Radweg (von Gartz über Schwedt nach Stolpe sind es 45 km) und der Kranich-Rundweg. Hier wurde auch ein **Wasserwanderliegeplatz** geschaffen mit allem, was dazugehört: Strom- und Wasseranschlüsse, Waschmaschine, Wäschetrockner, Duschmöglichkeiten und

Mittelalter an der Oder: das
Heilig-Geist-Hospital und das
Stettiner Tor

Ackerbürgermuseum
und Touristinformation
Stettiner Straße 14
16307 Gartz (Oder)
Tel. 033332 86044
www.gartz.de

einer Schmutzwasserentsorgung. „Das süsse Leben"
nennt sich ein kleiner Verkaufsstand gleich nebenan.
Er bietet einen Panoramablick auf die Oder und ein
Angebot, wie man es hier nicht erwartet.

Zur Innenstadt von Gartz geht es von der Oder
leicht bergauf. Als erste Sehenswürdigkeit fällt der
schlanke Turm der gotischen Kirche des **Heilig-Geist-
Hospitals** (Spittel), erbaut im 13. Jahrhundert, ins Auge.
Nach umfangreicher Restaurierung wird die Kirche
heute für Ausstellungen und Konzerte genutzt. Am
Ende der Straße steht das 27 Meter hohe **Stettiner Tor**,
das einzig noch vorhandene von ursprünglich vier
Toren. Hinter seinen dicken Feldsteinmauern befand
sich auch das Verlies der Stadt.

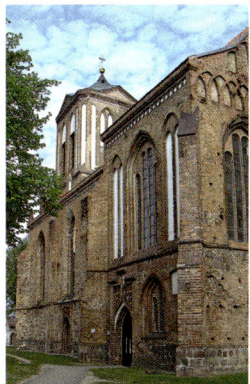

Kirche St. Stephan

Neben dem Turm hat sich im ehemaligen Torwäch-
terhäuschen das Gartzer Ackerbürgermuseum eingerichtet. Es befasst sich nicht nur mit dem Leben der
Urgroßeltern-Generation, sondern bietet auch Erinne-
rungshilfe an das realsozialistische Leben in der DDR.

An realen und heutigen Ackerbürgerhäusern vorbei
führt der Weg zur **Kirche St. Stephan** aus dem 13. Jahrhundert. Wie bedeutsam ihr Bau war, zeigt die Beteili-
gung von Baumeister Hinrich Brunsberg, der u. a. das
Rathaus von Tangermünde mit seiner berühmten
Schauwand entworfen hat. Nach schweren Zerstörungen im Jahr 1945 entstanden der Chor und das
Querhaus wieder neu. Das Kirchenschiff wurde als
Ruine gesichert und dient heute als Atrium. In das
Querhaus zog das Gemeindezentrum ein. Der Turm
erhielt anstelle der einstigen barocken Haube eine ein-
fachere für ihr neues Geläut.

Reste der Gartzer Stadtmauer

Beim Verlassen von Gartz fällt der Blick noch ein-
mal auf Teile der Stadtmauer mit dem **Storchenturm**
und dem **Pulverturm**. Hinter der Stadt beginnen die
Erkundungen der Naturschutzgebiete Geesower Hügel,
Trockenrasen Geesow und Gartzer Schrey sowie des
Salveybachtals.

Der Bootsliegeplatz von Gartz

Service

AquariUM
Das Erlebnisbad in Schwedt
Am Aquarium 6
16303 Schwedt/Oder
Tel. 03332 449363
www.aquarium-schwedt.de

Uckermärkische Bühnen
Schwedt
Berliner Straße 46/48
16303 Schwedt/Oder
Tel. 03332 53811
www.theater-schwedt.de

Fischereimuseum
Schwedt/Oder
Am Bollwerk 15
16303 Schwedt/Oder
Tel. 03332 23425
www.fischergarten.de

FilmforUM Schwedt
Handelsstraße 23
16303 Schwedt/Oder
Tel. 03332 449290
www.filmforum-schwedt.de

Eisarena
Handelsstraße 22
16303 Schwedt/Oder
Tel. 03332 839893
www.eisarenaschwedt.de

Medien in der Uckermark
Die „Märkische Oderzei-
tung" (abgekürzt: MOZ) ist
die in der Uckermark
meistverbreitete Tageszei-
tung (Auflage rund 90.000).
Sie hat ihre Hauptredaktion
in Frankfurt (Oder) und
besitzt ein Verbreitungsge-
biet von der Berliner

Stadtgrenze bis zur Oder. In
der Uckermark erscheinen
in Angermünde und
Schwedt/Oder zwei ihrer elf
Lokalausgaben.

TVAL heißt der regionale
Fernsehsender für die
Uckermark. Es kann in
Angermünde auf Kabelka-
nal 5, in Prenzlau auf Kanal
53, in Templin auf Kanal 22,
in Schwedt auf Kanal 12
oder terrestrisch auf Kanal
49 empfangen werden.
Das Programm von TVAL
startet täglich um 18.00 Uhr
und wird jeweils zur vollen
Stunde wiederholt.
Geboten werden Nachrich-
ten, Reportagen und
Kommentare.

Wussten Sie schon,

…dass der „Uckermark-Kurier" eine Regionalausgabe des im Osten Mecklenburg-
Vorpommerns erscheinenden „Nordkuriers" ist?

Extratipp für Genießer: uckermärkische Produkte

Wenn Sie in die Ucker-
mark kommen, sollten Sie
unbedingt die regionalen
Produkte probieren:
schmackhaften *Uckerkaas*
mit erlesenen Kräutern
und Gewürzen, leckere
Brotaufstriche aus Boit-
zenburg oder Fleisch und
Wurst direkt vom Gut
Kerkow, dazu frischen
oder geräucherten Fisch
aus heimischen Gewäs-
sern. Oder alles rund um
den Apfel. In den größe-
ren Städten gibt es spezi-
elle Verkaufsstellen für
einheimische Produkte.

Q-Regio-h.o.f.-Läden: www.q-regio.de
Friedrichstraße 11, 17291 Prenzlau; Puschkinstraße 1,
17268 Templin; Vierradener Str. 38, 16303 Schwedt/Oder

Die Mitte

**Unterwegs an den Uckerseen mit
Stadtspaziergang in Prenzlau und
Stippvisiten in Brüssow und Strasburg**

Beobachtungen entlang der Ucker

Im fünften Kapitel unternehmen wir eine Fahrt durch die Mitte der Uckermark von Norden nach Süden. Häufiger Begleiter ist die Ucker, Namensgeber für die Region im Nordosten Brandenburgs. Wir beginnen in zwei Städten, die in einem geradezu konträren Verhältnis zur Uckermark stehen: Strasburg und Brüssow. Die eine führt den Zusatz „Uckermark" im Namen, gehört aber nicht zum heutigen Landkreis, die andere gehört dazu, war aber traditionell ein Teil Pommerns.

Die Mitte der Uckermark wird markiert von den beiden Uckerseen – dem Ober- und dem Unteruckersee. Auf der Landkarte ist der Oberuckersee unten, gemessen am Flusslauf der Ucker jedoch oben. Zwischen beiden Seen verläuft ein Kanal, an dessen Ufern sich eines der größten zusammenhängenden Schilfgebiete Deutschlands erstreckt. Hier lassen sich sehr gut Graureiher und mitunter auch Fischadler beobachten.

An den Uckerseen haben sich viele Orte auf Feriengäste eingestellt. Zahlreiche Hotels sind entstanden. Die meisten mit einem herrlichem Seeblick. Dort wird im Wasser und in der Sonne gebadet, wird Tennis gespielt, geritten

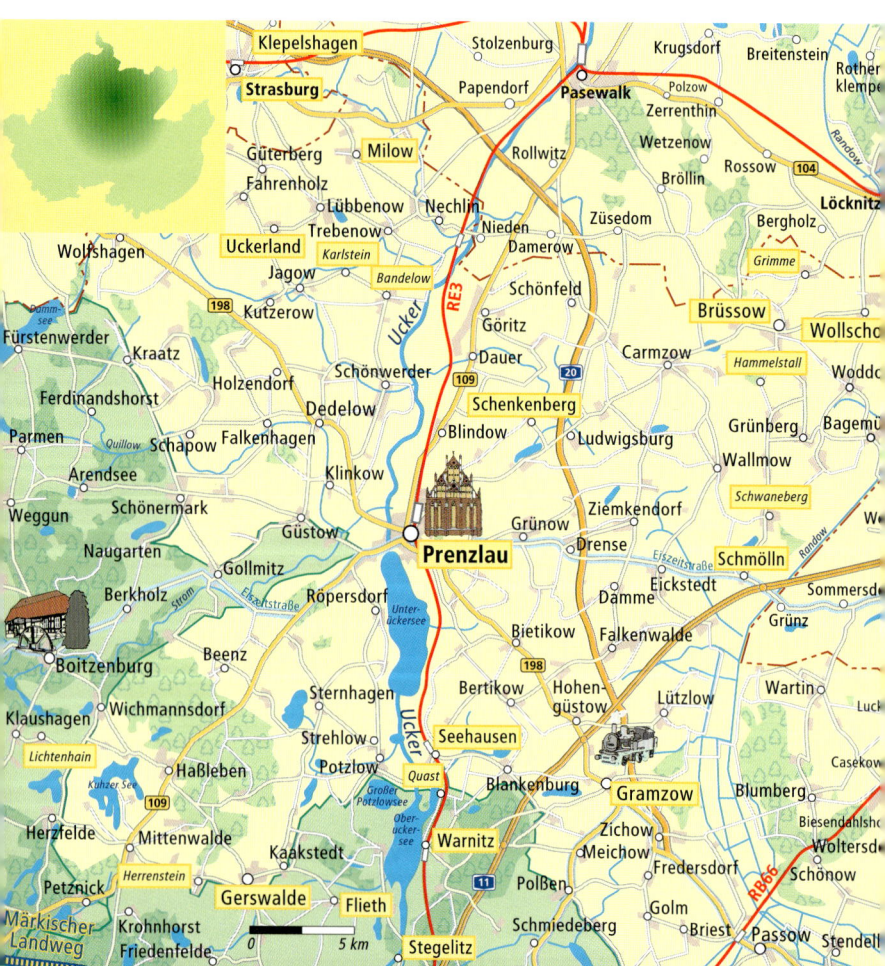

oder aufs Bike gestiegen. Für Eisenbahnfreunde gehört Gramzow zu den wichtigsten „Pilgerstätten". Der Osten Brandenburgs war noch vor fünfzig Jahren gut bestückt mit Kleinbahnen und der dazugehörigen Technik. Manches davon hat im Gramzower Museum überleben dürfen.

In diesem Kapitel unseres Uckermark-Büchleins erreichen wir Prenzlau, die Landkreishauptstadt. Einer alten und heruntergekommenen Kaserne verdankt Prenzlau diese Ehre. Denn weitsichtige Kommunalpolitiker ergriffen Anfang der 1990er Jahre die Initiative und ließen die Anlage in einen modernen Bürokomplex umbauen. Keine andere Stadt in der Uckermark hatte Derartiges zu bieten. Also zog hier die Kreisverwaltung ein. Prenzlau blieb, was es schon vor einhundert Jahren war, eine Verwaltungs- und Garnisonstadt.

Wie viele andere Städte zwischen der Oder und Berlin teilt Prenzlau das Schicksal der Zerstörungen in den letzten Kriegstagen. Trotzdem: Manch Wertvolles blieb erhalten, man muss nur genauer hinsehen, um die historischen Schätze zu erkennen.

Im Jahr 2013 wird Prenzlau Gastgeber der brandenburgischen Landesgartenschau sein. Dann wird zwischen dem Seeufer und der Stadtmauer ein Blütenmeer entstehen.

Die Ucker

Mal heißt der Fluss Ucker, dann wieder Uecker oder gar Ücker. Um das ewige Wirrwarr zu beenden, einigte man sich schließlich so: Ucker heißt das Gewässer in der Uckermark und Uecker in Mecklenburg-Vorpommern. Denn der 103 Kilometer lange Fluss entspringt bei Alt Temmen, einem kleinen Ort zwischen Templin und Angermünde, durchquert die beiden Uckerseen und gelangt dann nach Mecklenburg-Vorpommern.

Bei Ueckermünde fließt er in das Stettiner Haff, das mit der Ostsee verbunden ist. Daher war die Ucker im Mittelalter auch ein wichtiger Handelsweg. Hier wurden Baumstämme geflößt, Ziegelsteine verschifft. Vor allem das aufstrebende Prenzlau machte sich den Fluss zunutze. Händler luden ihre Waren vom Pferdefuhrwerk auf die Schiffe um, und ab ging es Richtung Norden. Heute ist die Ucker ein beliebtes Paddel- und Angelgewässer. Von Warnitz am Oberuckersee mit der Burgwallinsel – einst ein geheimes Versteck der Einwohner bei kriegerischen Auseinandersetzungen – geht es mit dem Boot durch den schmalen Uckerkanal. Vorbei am Möllensee gelangen Wasserwanderer nach gut fünf Kilometern in den Unteruckersee. Am nördlichen Ufer des sieben Kilometer langen Sees zeigt sich die Silhouette der Stadt Prenzlau mit den alles überragenden Kirchtürmen von St. Marien.

Bläst der Wind, kann der Unteruckersee schon ganz ordentliche Wellen schlagen. Die bequemere Variante der Überquerung bietet die „Fahrgastschifffahrt Uckerseen" mit ihrem modernen Schiff, das auch Fahrräder mit an Bord nimmt. Nur rund zwei Stunden braucht es für die 25 Kilometer lange Strecke von Warnitz bis Prenzlau.

Am Ostufer des Oberuckersees, das auch mit den Zügen des Regionalverkehrs der Bahn leicht zu erreichen ist, gibt es vier Badestellen mit Sandstrand. Am Unteruckersee befindet sich direkt in Prenzlau ein modernes Seebad mit Sprungturm, Steganlage und Beachvolleyballplatz. Entlang der Uferpromenade folgen weitere Badestellen.

Daisy Gräfin von Arnim:
Rezepte – aber immer mit Äpfeln

Daisy Gräfin von Arnim wird allgemein die „Apfelgräfin" genannt. Der Name ist ihr im wahrsten Sinne des Wortes „vor die Füße" gefallen. Es störte sie, dass die Äpfel, die im Herbst auf Wiesen und an Wegesrändern lagen, nicht verwertet wurden. Also begann sie zu sammeln und zu mosten. Nach und nach entwickelte sich ein Betrieb, zu dem auch die Nachbarn kamen, um Saft pressen zu lassen. Heute fährt das eigene „Mostmobil" durch die Region. Mit den so entstehenden Produkten betreibt sie einen Hofladen (siehe S. 46) und bietet sie in mehreren Geschäften in Berlin an.

Frau von Arnim, was lässt sich denn aus uckermärkischen Äpfeln alles machen – außer Saft?

Sehr viel, zum Beispiel Apfel-Früchtebrot im Glas, Apfel-Gelees, Apfellebkuchen und für die herzhafte Abteilung Apfel-Chutney zu Fleisch und Käse. Dazu kommen Apfel-Birnenkraut und Apfel-Dicksaft. Dieser zuckerfreie Aufstrich und Sirup aus Äpfeln ist etwas altmodisch Köstliches, das sogar die Gourmet-Köche wiederentdecken.

Die Rezepte denken Sie sich selbst aus?

Zum Teil. Als Ideengeber nehme ich aber auch gern die alten Familienkochbücher zur Hand. Außerdem bringen mir Kunden immer neue wundervolle apfelige Rezepte.

Vielfach wird die Wiederbelebung von scheinbar längst vergessenem Obst oder Gemüse betrieben. Ist das auch in der Uckermark ein Thema?

Ja, auf alle Fälle. Im 19. Jahrhundert wurden viele Apfelalleen gepflanzt, deren Früchte ich nun ernte. Mein Nachbar Frank Jacob hat zum Beispiel damit begonnen, wieder alte Apfelbaumsorten anzupflanzen. Oder denken Sie an den Sortengarten in Templin. Die alten Sorten haben meist den Vorteil, dass sie ein besseres Aroma haben. Meiner Meinung

nach wollen die Menschen, dass die Nischen zwischen den großen Lebensmittelanbietern gefüllt werden. Die einheitlichen Packungen aus den großen Regalen reichen vielen nicht mehr. Unsere Erfahrung im Hofladen ist, dass die Menschen das persönliche Einkaufserlebnis suchen. Sie wollen über die Produkte sprechen, probieren und die Liebe darin schmecken.

Lange Zeit galt Brandenburg als gastronomische Steppe mit einer wenig attraktiven Einheitsküche. Hat sich da etwas in der Uckermark getan?

Ja, das merke ich an den Feriengästen, die wir hier haben, und die oft begeistert wiederkommen. Da ist schon viel geschehen. Allerdings darf man nicht vergessen, dass es für Neugründungen oft ein harter und langer Weg ist, bis genügend Gäste kommen. Das ist dann die Kehrseite der Menschenleere hier, die wir andererseits alle so gerne mögen.

Die Familie, in die Sie geheiratet haben, ist sehr eng mit der Geschichte der Uckermark verbunden, Sie selbst sind aber keine gebürtige Uckermärkerin, wie haben Sie diesen Landstrich kennengelernt?

Es ist das letzte Geheimnis Deutschlands, es ist ein Kuss Gottes. Wenn Sie jetzt fragen, was das Geheimnisvolle ist, dann ist es, dass es so viel zu entdecken

gibt, was auf Anhieb nicht zu erkennen ist. Es ist eine leise, manchmal sogar an die Toskana erinnernde Landschaft.

Haben Sie ein Rezept zum Erkunden der Uckermark?

Die Uckermark braucht Zeit, am besten sollte man sie zu Fuß erlaufen. Die reizvollen Details zum Beispiel in den Dörfern erschließen sich aus dem Auto oft gar nicht. Das gilt ganz besonders für die vielen, vielen Seen bei uns. Etwas Vergleichbares gibt es meiner Meinung nach in ganz Deutschland nicht. Beim Wandern hier wird der Kopf klar und beim Genießen der abwechslungsreichen Landschaft entsteht auch im eigenen Kopf viel Neues.

Sind mit der Zeit auch alte Vorurteile gewichen?

Ich denke, ja. Was mir ganz persönlich aufgefallen ist, hängt mit den Uckermärkern selbst zusammen. Sie werden immer als ausgesprochen wortkarg beschrieben. Das kann ich über meine neun Frauen, die in meinem kleinen Unternehmen arbeiten, wirklich nicht sagen – ganz im Gegenteil. Was mir dabei besonders gefällt, ist dieser ganz typische Mutterwitz, der zum einen so treffend, aber auch herzlich ist. Die Menschen sind für uns mit ein Grund, warum wir hier gerne leben. Es ist schön, diese Hilfsbereitschaft, Gutmütigkeit und Kameradschaftlichkeit miterleben zu dürfen.

Sie leben jetzt seit über 15 Jahren in der Uckermark. Haben Sie einen besonderen Tipp, den Sie empfehlen möchten?

Ja, das ist der Weihnachtsmarkt im Stadtwald bei Prenzlau. Das ist wirklich etwas Besonderes. Überall stehen Hütten, es gibt Rentiere, es werden Märchen gelesen und das alles mitten im Wald. Die Uckermärker kommen dorthin aus allen Richtungen, und es ist eine außergewöhnliche weihnachtliche Stimmung.

Stippvisite in Brüssow und Strasburg:
Zwei Städte – zwei Grenzfälle

Touristinformation Brüssow
R.-Breitscheid-Straße 32
17326 Brüssow
Tel. 039742 80360
www.amt-bruessow.de

Dieses Kapitel handelt von zwei Städten am nördlichen Rand der Uckermark: die eine innerhalb der Landkreisgrenzen, die andere außerhalb. Die eine gehört traditionell nicht zur Uckermark, ihre Bürger haben sich jedoch dafür entschieden. Die andere – genau umgekehrt – gehört seit jeher zur Uckermark, sie führt diese Zugehörigkeit sogar als Zusatz im Städtenamen, jedoch entschlossen sich die Bürger gegen eine Zugehörigkeit zu Brandenburg.

Brüssow – ein kleines Stück Uckermark

Es war am 1. August 1992, als die Bürger von Brüssow sich entschieden, nunmehr zu Brandenburg zu gehören. Mit ihrer Entscheidung haben sie dem Land an seinem äußersten nordöstlichen Zipfel ein Ausflugsziel hinzugegeben. Eines mit viel Natur und Ruhe fernab der großen Straßen.

Die nördlichste Stadt Brandenburgs mit ihren gut 2.000 Einwohnern überrascht mit den Resten einer **Stadtmauer**, mit Wiekhäusern und einem Torwächterhaus. Hier wurden Feldsteine nicht nur aufgeschichtet, sondern auch so kunstvoll verlegt, dass das historische Pflaster auf einem Teil des Marktplatzes auf der Liste der brandenburgischen Baudenkmale steht.

Auf der gleichen Liste steht übrigens auch das Gebäude des **Heimatmuseums**, das früher einmal als Altlutherische Kirche diente. Deren Mitglieder suchten zum Teil jenseits des Atlantiks eine neue Heimat. Aus der musealen Sammlung heimatkundlicher Alltagsgegenstände erscheint manches heute als Kuriosität, was die Urgroßeltern noch als neueste Technik ansahen.

2009 feierte der Ort „750 Jahre Stadt Brüssow". Bei diesem Jubiläum spielte es keine Rolle, dass Brüssow zwischen 1550 und 1809 gar kein Stadtrecht besaß. Geburtstagsgrüße kamen sogar aus den USA von Nachfahren der 1843 ausgewanderten Altlutheraner.

Dass Brüssow in grauer Vorzeit eine Burg besaß, kann man nur noch in der Stadtchronik nachlesen. Bei so viel Geschichte wundern auch nicht die Namen von Ortsteilen wie Butterholz, Stramehl und Moor. Ein Abstecher nach **Hammelstall** und **Wollschow** bringt die Begegnung mit prähistorischen Großsteingräbern. Freunde historischer Friedhöfe sollten sich den alten Teil des Kirchhofs von Grimme, einem weiteren Ortsteil von Brüssow, nicht entgehen lassen. Dort findet sich eine Fülle künstlerisch gestalteter gusseiserner Kreuze. Vertreten sind fast alle im 19. Jahrhundert bekannten Typen – vom gotisierenden bis zum antikisierenden. Der Kirchhof gleicht einem Kunst-Museum in der Natur. Hier in der Uckermark sind die französischen – das heißt hugenottischen – Familiennamen auf den Grabsteinen wahrlich keine Seltenheit.

Viele Besucher kommen nach Brüssow zum Campen, weil sie hier alles finden, was zum Camper-Komfort gehört. Und wegen der wunderbaren Sonnenuntergänge über dem See natürlich. Auf dem Campingplatz finden das alljährliche Pfingstkönigreiten und im Spätsommer das Ostfahrzeugetreffen – selbstverständlich einschließlich Trabis – statt.

Zwei Namen, die auf sehr gegensätzliche Weise mit Brüssow verbunden sind: Zum einen Albrecht Schönherr, von 1972 bis 1981 Bischof der Region Ost der Evangelischen Kirche in Berlin-Brandenburg. Er war zwischen 1937 und 1946 in Brüssow als Pfarrer tätig. Zum anderen der Generalfeldmarschall August von Mackensen, der 1935 von Adolf Hitler die Domäne Brüssow zum Geschenk erhielt. Mackensen verkörperte in seiner altertümlichen Husaren-Uniform für die NS-Kriegspropaganda die preußischen Traditionen.

unten links:
Die Kirche in Schwaneberg, ein Ortsteil von Schmölln, nah bei Brüssow: Der goldene Schwan auf der Kirchturmspitze ist das Wahrzeichen des Ortes.

unten rechts:
Die Friedhofskapelle in Schwaneberg

Stadtinformation
Heimatmuseum
Pfarrstraße 22 a
17335 Strasburg (Uckermark)
Tel./Fax 039753 20046
www.strasburg.de

Strasburg – mit einfach „s"

Das Straßburg, in dem Goethe die Universität besuchte, liegt im Elsass und schreibt sich mit „ß". Strasburg mit einfachem „s" liegt im mecklenburgischen Uecker-Randow-Kreis und heißt offiziell Strasburg (Uckermark). Die Bürger selbst haben 1991 mehrheitlich entschieden, dass sie fortan zu Mecklenburg-Vorpommern gehören wollen. Ihre uckermärkischen Wurzeln – mit dem Frieden von Prenzlau im Jahr 1479 kam Strasburg zur Uckermark – aber halten sie in Ehren.

Strasburg gehört immerhin zu den ältesten Städten der Region. Im Jahr 2000 feierte man das 750-Jahre-Jubiläum. Im Dreiländereck von Brandenburg, Mecklenburg und Pommern erlebte Strasburg unruhige Zeiten. Eine Blüte begann für die Stadt 1691, als sich – zehn Jahre nach einem verheerenden Stadtbrand – in ihren Mauern 304 Hugenotten ansiedelten und auch hier den Tabakanbau einführten. Doch trotz kleiner Industriebetriebe, darunter die Fabrikation von Ofenkacheln, und eines Eisenbahnanschlusses – Strasburg blieb stets eine Ackerbürgerstadt.

Das älteste Gebäude der Stadt, die evangelische **Kirche St. Marien**, markiert die Ortsmitte. Sie wurde um 1280 erbaut und später zu einer gotischen Hallenkirche umgestaltet. Nur noch wenige Gebäude am Markt, das Rathaus von 1849 und die Adler-Apotheke aus dem 18. Jahrhundert, vermitteln ein Bild vom alten Strasburg. Ein kleiner Rundgang durch die Innenstadt bringt dennoch überraschende Durchblicke.

Hier in Strasburg entstand ein erstaunliches technisches Wunderwerk, das heute im **Stadtmuseum** zu

besichtigen ist: eine Strohuhr. Der Schuhmachermeister Otto Wegener schuf sie in 15-jähriger Bauzeit vor über 100 Jahren. Die Uhr besteht vollständig aus Roggenstroh. Mit einer Ausnahme: Die Zahlen und der Zeiger sind aus Haferstroh. Am oder im Uhrwerk befindet sich kein Metall, selbst Leim wurde nicht verwendet. Leider ist die Uhr nicht mehr funktionsfähig. Trotzdem kann sie besichtigt werden – im Heimatmuseum, das sich gleich neben der Sankt-Marien-Kirche in einem historischen Bau aus dem Jahr 1760 befindet. In einem der Räume wurde detailgetreu eine Schuhmacherwerkstatt aus der Zeit um 1900 nachgebaut. In einer solchen Werkstatt wurden die wasserdichten Langschäfte hergestellt, mit denen sich die Binnenfischer ins Wasser wagten. Vor dem Museum steht ein Findling mit geheimnisvollen Vertiefungen. Sie sollen in der Bronzezeit rituellen Zwecken gedient haben. Im Museum befindet sich auch die Stadtinformation.

Nur fünf Kilometer von Strasburg entfernt beginnt die „Wildnis". Hier leben Hirsche und Rehe, Schwarzspechte und Waldkäuze, Dachse und Wildschweine, Moorfrösche und Fischotter – all die Tiere, die zum Wald gehören, wie er im Märchenbuch steht. Dieser Wald ist aber ganz real. Es ist das **Wildtierland Gut Klepelshagen**, in dem die einheimischen Tiere auf rund 1.000 Hektar natürliche Bedingungen ohne Gehege vorfinden und sich gelegentlich den Besuchern zeigen.

Die einzige Uhr der Welt, die ausschließlich aus Stroh gebaut ist.
Foto: Stadtmuseum Strasburg

Deutsche Wildtier Stiftung
Wildtierland
Klepelshagen 2
17335 Strasburg
Tel. 039753 297-0
www.DeutscheWildtier
Stiftung.de

Die Ukranen

Eng verbunden mit der urzeitlichen Uckermark sind die Ukranen, auch Ukrer genannt. Sie waren Teil der westslawischen Stämme, die zwischen Elbe und Saale und der heutigen Ukraine siedelten. Ihr Name leitet sich aber nicht von der Ukraine ab, sondern vom kleinen Fluss Ucker bei Prenzlau. Das Land der Ukranen wurde zuerst als *terra ukera* und dann, ab dem 15. Jahrhundert, als Uckermark bezeichnet.

Ein Stadtspaziergang durch Prenzlau:
Eine Vermählung am Unteruckersee

Stadtinformation Prenzlau
Marktberg 11
17291 Prenzlau
Tel. 03984 833952
www.prenzlau-tourismus.de

mit der Bahn:
von Berlin Hbf alle 2
Stunden mit dem RE 3

unten links: im Vordergrund jene Stelle, an der einst der Galgen stand; im Hintergrund der Ostgiebel der St. Marienkirche

unten rechts: das gewaltige Mittelschiff der St. Marienkirche

Prenzlau sieht sich selbst als „Hochzeit von Stadt und Wasser". Wer möchte da widersprechen? Die Hauptstadt der Uckermark ist geprägt von der Lage an einem der größten brandenburgischen Seen, dem Unteruckersee. Manche Hafenstadt hat weniger Wasser zu bieten. Die Innenstadt von Prenzlau liegt auf einer Anhöhe, zum Teil hinter einer dicken Stadtmauer, unten eine Strandpromenade, deren Anfang und Ende nicht auszumachen sind. Eine Dampferanlegestelle, ein Strandbad, übers Wasser in der Ferne die typisch uckermärkische Moränenlandschaft. Hier und dort drängen sich Wohnhäuser aus einer Zeit ins Bild, als billiges Bauen wichtiger war als schönes.

Unser Stadtrundgang beginnt in der Mitte Prenzlaus. Das ist eine riesengroße Freifläche: der **Marktberg**. Einst war er das historische Zentrum von Prenzlau mit

links: Abendstimmung am Unteruckersee, nur ein paar Schritte von der Prenzlauer City entfernt

rechts: Die Türme der St. Marienkirche und des Mitteltors, einst Teil der Stadtmauer; die St. Marienkirche ist am Jahresende Schauplatz eines der schönsten Weihnachtsmärkte Brandenburgs.

Rathaus, Roland und Marktbrunnen. In den letzten Kriegstagen 1945 haben Bomben, Granaten und ein verheerendes Feuer die Innenstadt fast vollständig zerstört. Beim Wiederaufbau wurden die alten Stadtstrukturen kaum erhalten. Das Ergebnis: breite Straßen und Häuser, die die Bauetappen zwischen den 1950er und den 1980er Jahren widerspiegeln. Nun ruht die Hoffnung der Prenzlauer auf dem Jahr 2013, wenn hier die 5. Brandenburger Landesgartenschau stattfindet. Dann soll der Marktberg wieder ein buntes, belebtes Zentrum werden. Erste Pflanzungen geben einen ersten Vorgeschmack.

Vom oberen Ende des Marktberges hat man einen wunderbaren Blick auf den Ostgiebel der **St. Marienkirche**, die weit aufragenden schlanken Fenster, die kunstvolle Rosette und die scheinbar schwerelosen Giebelverzierungen. Diese kathedralenhafte Kirche gilt als eines der schönsten Bauwerke der norddeutschen Backsteingotik. Eine grandiose Leistung des Mittelalters. Geht aber der Blick nach unten, dann liegt da zu Füßen des Betrachters ein von Feldsteinen markiertes Kreuz. Hier stand erst der Prenzlauer Pranger und später der Galgen. An ihm endete mancher Soldat, der erfolglos ver-

Wer den blauen Schildern mit den „Zeitspuren Prenzlau" folgt, erlebt einen spannenden Stadtrundgang durch die Geschichte der Stadt.

Wie Bürgermeister enden können

Im Jahr 1426 verloren zwei Prenzlauer Bürgermeister auf dem Richtstein erst ihre rechte Hand – die Hand, mit der sie ihren brandenburgischen Landesherren Treue geschworen hatten – und dann ihren Kopf. Seit 1250 gehört die Uckermark zu Brandenburg. Die Grenzfehden mit den Mecklenburgern und den Pommern hörten aber so schnell nicht auf. Im Jahr 1425 öffneten die besagten Bürgermeister den Pommern die Tore Prenzlaus. Ein Jahr später eroberte der brandenburgische Markgraf Johann die Stadt zurück. Die Einschussspuren der Kanonenkugeln bei der Rückeroberung sind noch heute im Stettiner Torturm sichtbar. Damals hatten sich die beiden Bürgermeister im Turm verschanzt. Sie wurden ausgeräuchert und zum Richtstein gezerrt.

Für Nervenstarke: Die abgeschlagenen Hände der Bürgermeister sind im Kulturhistorischen Museum im Dominikanerkloster zu sehen.

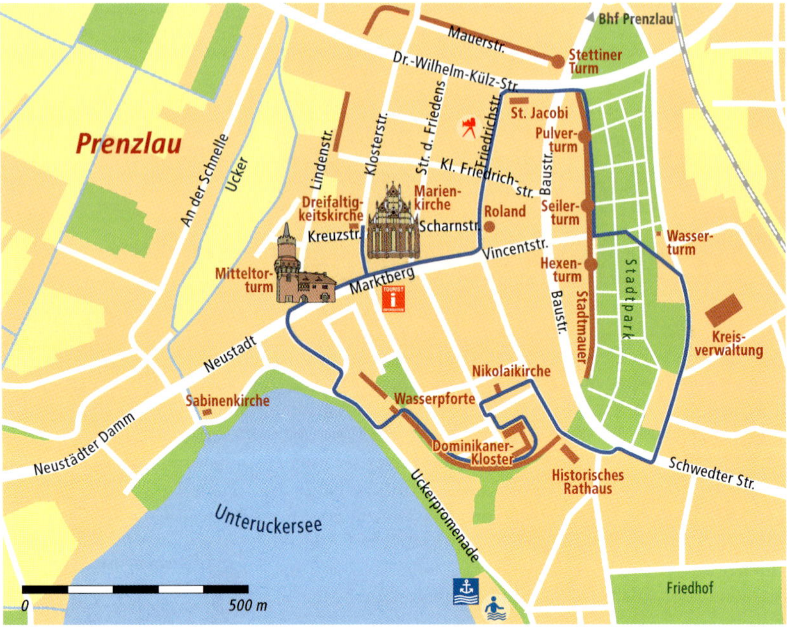

Prenzlau

[Karte: Stadtplan Prenzlau mit Beschriftungen: Bhf Prenzlau, Mauerstr., Stettiner Turm, Dr.-Wilhelm-Külz-Str., Lindenstr., Klosterstr., Str. d. Friedens, Kl. Friedrich-str., Friedrichstr., St. Jacobi, Pulver-turm, Baustr., Marien-kirche, Dreifaltig-keitskirche, Kreuzstr., Scharnstr., Roland, Seiler-turm, Wasser-turm, Mitteltor-turm, Marktberg, Vincentstr., Hexen-turm, Stadtpark, Stadtmauer, Neustadt, Neustädter Damm, Sabinenkirche, Wasserpforte, Nikolaikirche, Kreis-verwaltung, Dominikaner-Kloster, Historisches Rathaus, Schwedter Str., Unteruckersee, Uckerpromenade, Friedhof, 0, 500 m]

Der Roland von Prenzlau

suchte, dem schikanösen Drill in der Prenzlauer Garnison zu entkommen. Wenige Meter daneben ein großer quadratischer Stein, der mit Rillen durchzogen ist. Das war der Richtstein, in dessen Rillen das Blut der Enthaupteten abfloss. In einem Blick zwei Gesichter des Mittelalters: das Erhabene und das Schreckliche.

Dass Prenzlau einst so umkämpft war, hatte viel mit seiner wirtschaftlichen Blüte zu tun. Wichtig für den Reichtum der Stadt war die Verbindung zur Ostsee. Waren, die mit Fuhrwerken aus dem Süden kamen, wurden hier auf Boote geladen, die sie dann nach Stettin und weiter bis an die Ostsee brachten – Prenzlau war eng mit der Hanse verbunden. Ihre Bewohner leisteten sich mit dem Neubau der St. Marienkirche ein zweitürmiges Gotteshaus, wie es eigentlich nur einem Bischofssitz zustand. Auch dieses Gebäude wurde 1945 schwer beschädigt. Seit über 30 Jahren währt nun der Wiederaufbau. Die äußere Hülle zeigt sich längst wieder in alter Schönheit.

Der Stadtrundgang führt nun in die Friedrichstraße, die Einkaufsmeile Prenzlaus. Den Eingang bewacht eine **Rolandfigur**, die einst die Marktfreiheit der Stadt dokumentierte. Die Originalfigur wurde 1495 aufgestellt, aber knapp 250 Jahre später durch einen Sturm vom Sockel gestoßen. Zur letzten Jahrtausendwende konnte ein kompletter, aber teilweise nachgebildeter

Roland hier aufgestellt werden. Vorbei am repräsentativen Kino im sowjetisch inspirierten Stil der 1950er Jahre und einigen Straßencafés führt der Weg zur noch immer stark lädierten **Kirche St. Jacobi.** Ihr Name lässt richtig vermuten, dass dies eine Wallfahrtskirche am Jakobsweg war. Ein paar Meter weiter zeigt sich ein Stück Stadtmauer mit dem Blindower Torturm.

Weiter geht es in den Prenzlauer Stadtpark, der auf den einstigen äußeren Wehranlagen angelegt wurde. Zur Stadtseite hin wird er von der gewaltigen **Stadtmauer** mit verschiedenförmigen Türmen begrenzt, dem eckigen Seilerturm, dem runden Pulverturm und dem gespenstischen Hexenturm. Auf der anderen Seite des Parks geht es bergan zum einstigen **Wasserturm** der Stadt, von dem nur noch der – hervorragend restaurierte – Sockel erhalten ist. Auf der anderen Straßenseite präsentiert sich eine Kasernenanlage aus der Kaiserzeit als Sehenswürdigkeit. Dem Baumaterial Ziegel verdankt sie ihren Namen: **Rote Kaserne.** Wo einst ein Infanterieregiment untergebracht war, verwalten heute, nachdem die Gebäude einer Jungkur unterzogen worden waren, rund 800 Angestellte den Landkreis Uckermark.

Mauerreste, Wach- und Tortürme, Wiekhäuser – die Stadtbefestigung von Prenzlau hat viele Gesichter.

Der ehemalige Wasserturm am Rand des Stadtparks

Das nächste historische Gebäude dieses Rundgangs ist das trutzig erscheinende **Rathaus**. Vor 170 Jahren als Armen- und Erziehungsanstalt gebaut, treffen sich hier die Brautpaare auf ihrem Weg zum Standesamt. Der benachbarte **Steinturm** ist groß genug, um jungen Hobby-Astronomen als Observatorium zu dienen. Dann geht es vorbei an einer erst vor wenigen Jahren entstandenen Häuserzeile. Sie zeigt, wie gut sich ein mittelalterliches Viertel und modernes Bauen vertragen können.

Wenige Schritte sind es bis zur **Alten Nikolaikirche**. Von ihr steht nur noch der Turm, der darauf wartet, dass er wieder die Glocken aufnehmen kann, die jetzt noch an seinem Fuß abgestellt sind. Das Kirchenschiff

Glocken vor der Alten Nikolaikirche

wurde schon im 18. Jahrhundert abgetragen, um Raum zu schaffen für die beiden Kasernenbauten rechts und links des Platzes – die Anfänge der preußischen Garnisonstadt. Hier lebten einst die verheirateten Soldaten mit ihren Familien. Die alten Kasernen beherbergen heute Gewerbe- und Büroräume.

Dominikanerkloster
Prenzlau
Kulturzentrum und Museum
Uckerwiek 813
17291 Prenzlau
Tel. 03984 751141
www.dominikanerkloster-
prenzlau.de

Ein kurzer Weg nur ist es bis zur **Neuen Nikolaikirche** und zum **Dominikanerkloster**. Von außen nur zu ahnen, gehört der weitläufige Bau zu den besterhaltenen Klosteranlagen in Norddeutschland. Die Besucher können sich in den Kreuzgängen, dem Refektorium, dem ehemaligen Gästespeisesaal der Mönche, in der Sakristei und in der Frauenkapelle in die Zeit vor 800 Jahren zurückversetzen. Heute befinden sich hier das Kulturhistorische Museum mit seiner Sammlung mittelalterlicher Objekte, ein Veranstaltungszentrum, die Stadtbibliothek, das Historische Stadtarchiv und die KlosterLadenGalerie, ein Ausstellungsort für Werke uckermärkischer Künstler. Das Dominikanerkloster ist alljährlich Schauplatz des **Kultursommers** mit einem abwechslungsreichen Programm.

Und wieder führt der Weg an der Stadtmauer entlang. Hier ist ein Wohnhaus geradezu mit der Mauer verschmolzen. Das sparte immerhin eine Wand, typisch für sparsames Bauen in früheren Zeiten. Ein Stück weiter machen die Reste eines **Wiekhauses** deutlich, wie stark die Stadtverteidigung einst organisiert war. In zwei Etagen standen die Wachen übereinander an den Schießscharten, um Angreifer fernzuhalten.

Klein und unscheinbar steht dagegen das älteste „profane" Haus Prenzlaus an der Mauer. Es war eine öffentliche Darre, in der die Bürger Lebensmittel durch Trocknen haltbar machten. Am nächsten Erinnerungsort berichten zwei Schrifttafeln von der **jüdischen Synagoge**, die einmal an dieser Stelle stand. Sie wurde am 10. November 1938 von den Nazis niedergebrannt.

Durch die **Wasserpforte** verlassen wir die historische Innenstadt und gelangen an das Ufer des Unteruckersees. Die jetzt schon grünen Flächen zwischen der Stadtmauer und dem See werden sich bis zur LAGA 2013 in blühende Gärten verwandelt haben. Die breite Uferpromenade teilen sich Spaziergänger, Jogger und Radfahrer. Ein kurios gestaltetes Fahrrad am nördlichen

Wiekhaus an der Stadtmauer

Eine Büste an der Stadtmauer erinnert an einen der großen Söhne der Stadt, den Landschaftsmaler Jakob Philipp Hackert. Er war einer der angesehensten Künstler des frühen Klassizismus. Seine Bilder sind geprägt durch eine große Detailgenauigkeit. Goethe würdigte ihn in einer biografischen Skizze.

Foto: Dominikaner Kloster

Ende des Sees erinnert daran, dass der Radfernweg Berlin – Usedom durch Prenzlau führt.

Der Rundgang führt schließlich wieder zum Marktberg. Durch das **Mitteltor** geht es zurück in die mauerbewehrte Stadt. Es ist mit seinem verzierten Wehrkranz das markanteste aller Prenzlauer Tore. Wer meint, dieses Tor in Berlin schon einmal gesehen zu haben, hat recht: Ein kleinerer Nachbau schmückt die Oberbaumbrücke zwischen Friedrichshain und Kreuzberg.

Ein paar Schritte weiter steht die Ruine der **Heiliggeistkapelle**. Der Backsteinbau mit dem filigranen Turm wurde im 14. Jahrhundert als Bethaus für ein benachbartes Hospital erbaut. Bereits 1899 wurde in der Kirche das Uckermärkische Museum untergebracht. 1945 brannte sie aus und mit ihr Zeugnisse der Regionalgeschichte.

Wir unternehmen noch einen kleinen Abstecher in die Klosterstraße. Hier steht die **Dreifaltigkeitskirche**, die um 1250 nach dem Vorbild der Grabeskirche für Franz von Assisi aus Feldsteinen errichtet wurde. Es war die Kirche für das zweite Kloster Prenzlaus, das Franziskanerkloster. Nach der Reformation begann dessen Verfall, der letztlich zum Abriss führte. Nur die Kirche blieb bestehen, zeitweilig wurde sie von der französisch-reformierten Gemeinde genutzt.

An einem Luther-Standbild vorbei erreichen wir nun wieder die **Kirche St. Marien**. Die buchstäbliche Krönung eines Stadtrundgangs ist es, die Kirchtürme über die 234 Stufen zu erklimmen und aus fast 70 Metern den Blick über die uckermärkische Seen- und Hügellandschaft zu genießen.

Dreifaltigkeitskirche

Eine Tafel an der Promenade entlang des Unteruckersees erinnert an eine Begebenheit, der Prenzlau einen Teil seines Stadtwappens verdankt: An einem Sommertag des Jahres 1704 kam der preußische König aus Berlin eigens hierher zur Schwanenjagd. Die Stadtoberen waren derart stolz auf dieses blutige Schauspiel, dass sie die Erlaubnis erwirkten, künftig einen Schwan im Wappen führen zu dürfen.

…und keinesfalls verpassen:

Das **Naturerlebnis Uckermark** ist ein aktionsreiches und informatives Angebot für die ganze Familie. Hier gibt es Themengärten, einen Naturspielplatz und einen Haustierpark mit den Nutztieren der Region. Auf über 12 Hektar erstreckt sich das Areal, auf dem jeder noch eine Menge über Umwelt- und Naturschutz und ökologisches Bauen lernen kann. Zum Beispiel in der etwas abseits gelegenen Vogelbeobachtungshütte mit weitem Blick über den Scharfrichtersee mit seiner bunten Vogelwelt. Über das Jahr hinweg kann man hier 100 Vogelarten sehen. Das Gartencafé bietet Kaffeespezialitäten und hausgemachten Kuchen, aber auch Ferngläser zur Ausleihe für die Hobby-Ornithologen. Der Naturschau-Garten bietet einen Einblick in die Vielfalt einheimischer Pflanzen. Besonders beliebt bei den Besuchern sind die Duft- und Aromagärten.

Naturerlebnis Uckermark
Am Scharfrichtersee 2 a
17291 Prenzlau
Tel. 039841 806000
www.naturerlebnis-
uckermark.de

Vom Stadtzentrum Prenzlau aus sind es bis zur Kleinen Heide ca. 4 km entlang der Mertenspromenade.

Ein traditionelles Naherholungsgebiet für die Prenzlauer ist die **Kleine Heide**, ein 80 Hektar großes Mischwaldgebiet, ca. 3 Kilometer südwestlich der Stadt. Für Groß und Klein bieten sich Attraktionen wie Hangelbalken, ein Fahrradparcours, ein Aussichtsturm und zwei Grillstationen. Neben einheimischen Singvögeln haben auch Greifvögel in diesem Waldgebiet ihre Nester bzw. ihre Horste.

Schaukäserei Wolters
17337 Bandelow
Tel. 039740 20574
www.uckerkaas.de

Wie entsteht der berühmte *Uckerkaas*? Die Antwort gibt es in der **Schaukäserei Wolters**. Die Bauernfamilie Wolters kam 1994 aus Holland nach Bandelow und betreibt hier einen Milchviehbetrieb und eine Käserei. Durch die Glasscheiben des Hofladens der Käserei können sich Besucher von Montag bis Freitag von der handwerklichen Qualitätsarbeit überzeugen.

Die Reise auf der **Schwedenstraße** lädt ein, in die Zeiten des Dreißigjährigen Krieges einzutauchen. Ausführliche Informationen finden sich in der Broschüre „Auf den Spuren der Schweden", die in der Stadtinformation Prenzlau erhältlich ist.

Unterwegs an den Uckerseen:
Seenland mitten in der Uckermark

Warnitzer und Seehausener Ansichten

Warnitz liegt in der Mittagssonne. Nur die Schwalben fliegen geschäftig hin und her, der Nachwuchs im Dachfirst des alten Bahnhofs will versorgt sein. Im Gebäude kaufen Reisende schon lange keine Fahrkarten mehr. Die Züge fahren vom benachbarten Bahnsteig alle zwei Stunden zwischen Berlin und Stralsund. Im Bahnhof hat auch die Naturwacht ihren Stützpunkt, die hiesige Touristinformation verleiht Räder und gibt Urlaubstipps.

Schon zu DDR-Zeiten war Warnitz ein beliebter Ferienort. Betriebe bauten an den Ufern des Oberuckersees ihre Ferienheime und einen Campingplatz, der heute noch gut besucht ist. Hier kommen mehr Radfahrer vorbei als Autos, denn der Ort liegt direkt am Radfernweg Berlin – Usedom.

Die Lindenallee ist die Lebensader des Dorfes. Geduckte alte Bauernhäuser mit Fensterläden und restaurierten Fassaden reihen sich aneinander. In der Nummer 53 lädt die Gaststätte „Deutsche Eiche" in einem einstigen Bauerngehöft zünftig zu einer „Karre Mist" und zum „Burgwallbräu", einem selbstgebrauten Bier, ein. Allerhand landwirtschaftliches Gerät und alte Traktoren, liebevoll aufpoliert, geben Einblick in die Arbeit der Bauern vor gar nicht allzu langer Zeit. Auf der anderen Straßenseite, in der Nummer 35, wohnt und arbeitet Tina Bach. Die Keramikerin hat die große weite Welt gesehen, lebte in Griechenland, in Argentinien, zwischendurch in Berlin – verliebte sich in das Bauernhaus in Warnitz und zog mit ihrer Keramikwerkstatt „Quarzsprung" schließlich hierher. Glück ist für Tina Bach, wenn sie gleich hinterm Haus auf der Wiese mit Freunden und Fremden sitzt und Ideen aus Ton formt.

Warnitz ist ein Ort für Romantiker. Denn am schönsten sind die Abende am See, wenn die Sonne sich im Wasser spiegelt, bevor sie hinter Bäumen entschwindet. Waren hier wirklich einmal zwei Brücken quer über den Oberuckersee gespannt, wie Historiker erzählen? Ukranen hatten rings um die Uckerseen ihren Stammeshauptsitz und errichteten um 1100 auf einer Insel einen Wall für ihre Burg – gut fünf Meter breit und sechs Meter hoch, gebaut aus Holz und Lehm. Eine überdachte Holzbrücke soll von hier über zwei Kilometer nach Seehausen geführt haben, wo ein Kloster stand.

Um vergangene Zeiten wieder erlebbar zu machen, haben sich Touristiker den rund 100 Kilometer langen „Wallpfad" ausgedacht, stumme Zeitzeugen aus verschiedenen Epochen verknüpft – Wallberge, Hügelgräber, Eiskeller, Steinkistengräber, Kirchen. Weiter führt die Lindenallee in den Ortsteil Quast mit Badestrand, Bootsanleger und Panoramahotel.

Auch das einstige Fischerdorf **Seehausen** am nördlichsten Zipfel des Sees ist ganz auf Erholungsuchende eingestellt. Vom Zisterziensernonnenkloster auf der Halbinsel Marienwerder blieb nichts mehr übrig. Taucher fanden bei Grabungen im See viele Gegenstände aus dem Alltag des Klosters, die heute im Kulturhistorischen Museum im Dominikanerkloster in Prenzlau zu sehen sind. Ein wahrer Hingucker ist das Seehotel „Huberhof". Bayerischer Landhausstil und flotte Dirndl am uckermärkischen Strand. Die Gäste mögen es.

Tourismusverein
Uckerseen e.V.
Lindenallee 27
OT Warnitz
17291 Oberuckersee
Tel. 039863 78122
www.ferienregionuckerseen.
de

Nicht weit von hier an der Straße nach Potzlow machen ein Findling und ein Rastplatz neugierig. Aha! Genau hier ist der Mittelpunkt der Uckermark! Naja, eigentlich liegt er ein kleines Stückchen weiter mitten in der Landschaft.

Reste der Wasserburg

Gerswalde und seine historischen Orte

Die Sehenswürdigkeiten von Gerswalde fallen dem
eiligen Wanderer nicht gleich ins Auge. Von der Feldsteinkirche, die auf der Anhöhe thront, einmal abgesehen. Besucher sind eingeladen, den Turm zu besteigen
und einen weiten Blick ins Land zu werfen. Hier wird
klar, warum die Uckermark gelegentlich „Toskana des
Nordens" genannt wird.

Die Kirche von Gerswalde

Eine unscheinbare Durchfahrt weist den Weg zum
Schloss Gerswalde und zur **Wasserburg**. Meist steht
hinter der ersten urkundlichen Erwähnung eine bloße
Jahreszahl. Im Falle von Gerswalde handelt es sich um
eine Urkunde des Papstes Alexander IV. aus dem Jahr
1256. Das war die Zeit, als unweit von Gerswalde die
Grenze zu Pommern verlief und die Askanier um ihr
Brandenburg kämpfen mussten. Noch heute sind die
gewaltigen Grundmauern der Burg zu erkennen. Mau-
erstärken von bis zu drei Metern, mächtige Gewölbe,
ein noch deutlich sichtbarer Bergfried. Einst war die
Burg vollständig von Wasser umschlossen.

Als zweihundert Jahre später die Grenzen der
Uckermark viel weiter im Osten verliefen, verlor die
Burg von Gerswalde ihre Bedeutung. Im Dreißigjährigen Krieg war ihr Schicksal endgültig besiegelt: Sie
verfiel.

Der Sockel der Burgfreiheit

Gleich daneben jedoch erbauten 1724 die von
Arnims, die Besitzer des Landes, ein herrschaftliches
Haus. Daraus wurde einhundert Jahre später ein
Schloss, das noch mehrmals umgebaut wurde. Zur Zeit
wartet es darauf, sein Dachgeschoss zurückzuerhalten,
das durch einen Brand abhanden gekommen ist. Seit
1929 dient das Schloss Gerswalde als Kinder- und
Jugendheim mit handwerklichen Ausbildungsstätten.
Hier werden Jugendliche betreut, die einer besonderen
Förderung bedürfen.

Die Burg beherbergt in ihrer ehemaligen Kemenate die Ausstellungsräume des Fischereimuseums und der Heimatstube. Eine Apotheke ist hier aufgebaut, die Jägerei wird anhand von Geweihen und Jagdliteratur präsentiert. Auch die 100-jährige Geschichte der Gerswalder Feuerwehr ist dokumentiert. Im historischen Kellergewölbe geben sich junge Paare das Jawort.

Herrenstein: Schloss oder Gutshaus?

Auf Schloss Herrenstein begegnen wir noch einmal der Adelsfamilie von Arnim. Sie betrieb hier ein Rittergut und ließ sich um 1890 einen Klinkerbau auf ihren Hof setzen, der andernorts vielleicht Villa genannt worden wäre, hier aber – in den Weiten der Uckermark – als Schloss tituliert wird.

Nach kräftiger Um-, Aus- und Aufbauarbeit wurde es ein Sporthotel mit Freizeitanlage. Schwimmen, Joggen, Minigolf, Tennis – alles ist hier möglich. Highlight der Anlage ist der Reiterhof, auf dem (meist) junge Mädchen das Reiten lernen. Hier probieren aber auch junge Pferde ihre ersten Schritte. Die meisten Gästezimmer, ebenso das Schwimmbad und die Sauna befinden sich in nachgestalteten Bauernhäusern. Damit hat die Anlage viel von ihrem ländlichen Charakter erhalten. Sogar ein kleiner See mit Sandstrand und Strandkörben ist vorhanden.

Wasserburg Gerswalde
mit Heimatstube und
Fischereimuseum
17268 Gerswalde
Tel. 039887 61073
www.gerswalder-
wasserburg.de

Schloss Herrenstein
Herrenstein 16
17268 Gerswalde
Tel. 039887 710
www.hotel-schloss-
herrenstein.de

Schloss Herrenstein, der dazugehörige Badesee und das wilde Leben auf der Pferdekoppel

Gramzow unter Dampf

Wenn es nach der ersten urkundlichen Erwähnung ginge, wäre Gramzow der älteste Ort der Uckermark. Auf jeden Fall gehört er zu den elf Orten der Uckermark, die ihre Entwicklung Klöstern verdanken. Die Gemäuer des Klosters von Gramzow waren sehr wehrhaft angelegt. Über zwei Meter dicke Kirchenmauern deuten auf kriegerische Auseinandersetzungen mit der Nachbarschaft hin. Dass den historisch Interessierten heute nur noch Ruinen empfangen, liegt an einem verheerenden Feuer im Jahre 1714 und der anschließenden „Nutzung" der Anlage als Steinbruch. In den letzten Jahren wurde gesichert, was noch vorhanden war.

Ein Blick auf die Landkarte zeigt: Gramzow liegt etwa gleich weit entfernt von Prenzlau, Angermünde und Schwedt – also verkehrsgünstig. Das dachten sich auch die Grundbesitzer vor über einhundert Jahren und planten eine Eisenbahn. Gramzow wurde der Betriebsmittelpunkt einer solchen Kleinbahn. Streckenlänge: 26,5 Kilometer. In der Nachkriegszeit erlebte sie noch

Wie die Eisenbahn in die Uckermark kam

1835 fuhr die erste deutsche Eisenbahn zwischen Nürnberg und Fürth. Bereits ein Jahr später gründeten Berliner Kaufleute die Berlin-Stettiner Eisenbahn-Gesellschaft. Am 15. November 1842 fuhren Züge zwischen Berlin und Angermünde. Die gesamte Strecke Berlin – Stettin wurde feierlich am 15. August 1843 eröffnet. Zwischen Angermünde und Tantow führten rund 40 Kilometer der Strecke durch die Uckermark. Prenzlau musste noch zwanzig Jahre auf einen Bahnanschluss an der Strecke Angermünde – Anklam warten.

Brandenburgisches Museum für Klein- und Privatbahnen in Gramzow und Gramzower Museumsbahn
Am Bahnhof 3
17291 Gramzow
Tel./Fax 039861 70159
www.eisenbahnmuseum
gramzow.de

einmal eine richtige Blütezeit, als landwirtschaftliche Produkte vornehmlich auf der Schiene transportiert wurden und Autos nur für eine Minderheit existierten.

Doch die Zeiten änderten sich, 1995 fuhr der letzte fahrplanmäßige Zug nach Gramzow. Was lag näher, als die Reste der Kleinbahn vor der Verschrottung zu retten und ein Museum aufzubauen? So entstand auf Initiati-

ve von Eisenbahn-Enthusiasten das Gramzower Museum für Klein- und Privatbahnen. Zu besichtigen sind 40 Eisenbahnfahrzeuge, wie sie zu unterschiedlichsten Zeiten im Einsatz waren, Geräte für den Gleisbau sowie zahlreiche weitere technische Anlagen auf dem früheren Bahnhofsgelände. Das Museum zum Mitmachen bietet an sogenannten Fahrtagen Mitfahrten auf historischen Eisenbahnfahrzeugen an und lädt zum Muskeltraining auf der Draisine ein. Wem das alles zu anstrengend ist oder wer schon immer kleinere Bahnen bevorzugte, für den gibt es eine elektrische Modelleisenbahn, ebenfalls in Gramzow. Im Keller der Lehmanns, mitten in Gramzow, wird die Entwicklung der Berlin-Stettiner Eisenbahn von der Gründung bis zur Gegenwart gezeigt, mit Originalteilen, vielen Fotos und natürlich Modellen, die auch fahren können.

Modelleisenbahnausstellung
Bahnhofstraße 2
17291 Gramzow
Tel. 039861 71002
www.Berlin-Stettiner-
Eisenbahn.de

Treffen der Oldtimer-Traktoren

Wer sich für alte Technik interessiert, der sollte sich vor einem Besuch der Uckermark nach den Oldtimertreffen, Ostfahrzeugtreffen, Baumaschinen & Kippertreffen erkundigen, die es jährlich in Gramzow gibt. Dass hier nicht nur die Spezialisten auf ihre Kosten kommen, sondern auch „Kind und Kegel", versteht sich von selbst. Das liegt nebenbei auch an den deftigen Speisen und den selbstgebackenen Kuchen, die bei diesen Gelegenheiten meist zum Verkauf angeboten werden und die, an Biertischen im Freien genossen, noch einmal so gut schmecken.

Service

Pferdehof Ruhnau
Reiten, Kutschfahrten
Potzlow-Abbau
17291 Oberuckersee
Tel. 039863 6010
www.pferdehof-ruhnau.de

Keramikwerkstatt
Quarzsprung
Lindenallee 35
OT Warnitz
17291 Oberuckersee
Tel. 039863 78186
www.quarzsprung.de

Gasthof „Deutsche Eiche"
Schaubrauerei, alte land-
wirtschaftliche Maschinen
Lindenallee 52, OT Warnitz
17291 Oberuckersee
Tel. 039863 7149

Fahrgastschifffahrt
Uckerseen
Reederei Torsten Kohn
Uckerpromenade 44
17291 Prenzlau
Tel. 03984 832089
www.uckerseeschiff.de

Rosenhof Flemming
Karlstein 5, 17337 Uckerland
www.rosenhof-flemming.de

Straußenhof Berkenlatten
OT Berkenlatten 7
17268 Gerswalde
Tel. 039887 5087
www.straussenhof-
berkenlatten.de

build-a-boat
Bauen Sie Ihr eigenes Boot
Milow 48, 17337 Uckerland
www.build-a-boat.de

Elch- und Rentierfarm
Kleptow 29
17291 Schenkenberg
Tel. 039854 37649
www.wild-golz.de

Uckermärker Landkörbchen
Holunderspezialitäten
Ludwigsburg 6
OT Ludwigsburg
17291 Schenkenberg
Tel 0172 1000632
www.landurlaub-
uckermark.de

Gutshof Wilsickow
Wilsickow 2
17337 Uckerland
Tel. 039752 20699
www.gutshof-wilsickow.de

Wussten Sie schon,

...dass alle zwei Jahre (wieder 2012) das Uckermark-Festival stattfindet, bei dem Künstler verschiedener Genres auf Dorfplätzen und Wiesen ihre Werke präsentieren?

Extratipp für Wanderfreunde: Eseltrekking

Es ist wie im Märchen: Man zieht mit einem Esel durch die weite uckermärkische Landschaft, das geduldige Tier trägt das Gepäck in Satteltaschen, und wenn der Magen knurrt, heißt es: „Tischlein deck dich". Für Proviant ist ausreichend gesorgt. Egal, ob eine Tagestour oder eine mehrtägige Wanderung: Tourenvorschläge gibt es ausreichend. Eine kurze Einweisung genügt, um aus einem Städter einen Eselsführer zu machen.

Celine Native Caravan
Suckow 41, 17268 Flieth-Stegelitz
www.wanderninbrandenburg.de

Für Fortgeschrittene
über die Uckermark und die Uckermärker

Zahlen – Daten – Fakten

Die Uckermark ist ein Landkreis des Bundeslandes
Brandenburg. Der Verwaltungssitz des Landkreises
befindet sich in Prenzlau. Das Kfz-Kennzeichen ist UM.

· Fläche: 3.058 km² (Vergleich Saarland: 2.568 km²)
· Einwohner: 131.115 am 31.12.2009
  (Vergleich Saarland: 1.022.585).
· Bevölkerungsdichte: rund 43 Einwohner pro km²
  (Vergleich: Deutschland 230, Berlin 3.850)
· rund 400 Seen und Gewässer
· 200 Herrenhäuser, Burgen und Schlösser
· 160 historische Kirchen

Die Städte in der Reihenfolge ihrer Einwohnerzahl

Schwedt/Oder	35.881
Prenzlau	20.461
Templin	16.844
Angermünde	14.801
Lychen	3.729
Gartz (Oder)	2.470
Brüssow	2.114

Naturpark Uckermärkische Seen
· Gründung 3. Mai 1997
· Fläche: 897 km²
  davon 47 % Wald, 9 % Gewässer und Moore
· 1/3 im Landkreis Oberhavelland,
  2/3 im Landkreis Uckermark
· Bevölkerungsdichte: 25 Einwohner je km²

Biosphärenreservat Schorfheide-Chorin
· Gründung 2.9.1990, Anerkennung durch die
  UNESCO am 17.12.1990
· Fläche: 1.292 km², davon 50,6 % Wald, 6 % Wasser
· zweitgrößtes Großschutzgebiet Deutschlands
· Bevölkerungsdichte: 25 Einwohner je km²

Nationalpark Unteres Odertal
· Gründung 29. Juni 1995
· der jüngste der 14 Nationalparks in Deutschland
· Fläche: 1.050 km², davon 19 % Wald, 61 % Grünland,
  13 % Gewässer
· Bevölkerungsdichte: 52 Einwohner je km²

Der größte See: Unteruckersee, 10,3 km²
Der höchste Berg: Blocksberg, 139,5 m

Die Uckermärker

„Komm ick öwern Hund, komm ick ok öwern Schwanz." So sind die Uckermärker: eine Prise Optimismus, eine Prise Abgeklärtheit, eine Prise Sturheit. Dass sie etwas anders sind als die übrigen Brandenburger, ist unbestritten. Das erkennt man schon daran, dass viele von ihnen noch Plattdeutsch verstehen. Vor einhundert Jahren wurde in den Dorfschulen allgemein das Deutsch des Nordens unterrichtet. Und der uckermärkische Bauer verließ fast nie seine Scholle. Bis viele in der Industrie ihr Auskommen suchten oder sich beim Militär an einen ganz anderen Kasernenhofton gewöhnen mussten. Heute wird das Platt in Literaturzirkeln und Traditionsvereinen am Leben erhalten. Der Fremde bekommt es kaum zu hören.

Die allerersten Uckermärker waren Germanen, die aus der Donaugegend herzogen. Die Völkerwanderung trieb sie allerdings weiter nach Westen. Dann kamen aus dem Osten die Slawen, das Volk der Ukranen. Sie rodeten Wälder, machten das Land urbar und waren so erfolgreich, dass die Neider nicht lange auf sich warten ließen. Es waren Deutsche, die sich an der großen Landnahme in Richtung Osten beteiligten. So kamen Bauern und Handwerker, die neues Wissen und neue Fertigkeiten mitbrachten und sich erfolgreich ansiedelten. Die Slawen passten sich nach und nach an, bald war aus den zwei Völkern eins geworden.

Der Dreißigjährige Krieg dezimierte die Uckermärker. Zahlreiche Dörfer wurden aufgegeben. In dieser Situation öffnete der brandenburgische Kurfürst Friedrich Wilhelm die Grenzen für Glaubensflüchtlinge aus Frankreich. So kamen Hugenotten in die Uckermark und sahen sich nach Erwerbsmöglichkeiten um. Der Tabakanbau erwies sich als lukrativ. Den Hugenotten folgten vertriebene Protestanten aus Böhmen, dem Salzburger Land und aus anderen Gegenden Europas. In Schwedt siedelte sich eine relativ große jüdische Gemeinde an. Aus den Uckermärkern wurde ein buntes Völkchen.

Als in den 1950er Jahren die große Industrialisierung begann, zog es viele junge Leute aus allen Teilen der DDR zu den „Großbauten des Sozialismus" nach Schwedt. Der Grund: Mit den Werken entstanden Wohnungen und die waren anderswo knapp. Wieder wurden die Uckermärker „aufgemischt". Und dennoch behielt die norddeutsche Mentalität die Oberhand: Hier wird erst zugepackt und dann geredet. Egal, wo ihre Wurzeln im Einzelnen liegen, die Uckermärker sind traditionsbewusst und stolz auf ihre Heimat.

Berühmte Uckermärker:

Jakob Philipp Hackert (* 15.9.1737 Prenzlau, † 28.4.1807 bei Florenz), Landschaftsmaler

Friederike Luise von Hessen-Darmstadt (* 16.10.1751 Prenzlau, † 14.8.1805 Berlin), Königin von Preußen

Wilhelmine Luise von Hessen-Darmstadt (* 25.6.1755 Prenzlau, † 26.4.1776 Sankt Petersburg), unter dem Namen Natalia Alexejewna russische Thronfolgerin

Christian Leopold Freiherr von Buch (* 26.4.1774 Stolpe/Oder, † 4.3.1853 Berlin), bedeutender Geologe

Ernst Christian Friedrich Schering (* 31.5.1824 Prenzlau, † 27.12.1889 Berlin), Apotheker und Industrieller, Begründer des Schering-Konzerns

Friedrich Moritz Rudolph Baumann (* 6.1.1826 Angermünde, † 18.1.1921 Chicago), Architekt, baute das erste Hochhaus in Chicago

Ehm Welk (* 29.8.1884 Biesenbrow, † 19.12.1966 Bad Doberan), Schriftsteller

Max Schmeling (* 28.9.1905 Klein Luckow – damals Uckermark, † 2.2.2005 Wenzendorf), Boxlegende

Horst Wendlandt (* 15.3.1922 Criewen, † 30.8.2002 Berlin), Filmproduzent, produzierte in den 1960er Jahren Edgar-Wallace- und Karl-May-Filme

Bärbel Wachholz (* 20.10.1938 Angermünde, † 13.11.1984 Berlin), populäre Schlagersängerin der DDR

Angela Winkler (* 22.1.1944 Templin), Schauspielerin, wurde 1975 bekannt in der Titelrolle „Die verlorene Ehre der Katharina Blum"

Julia Jäger (* 1970 Angermünde), Schauspielerin, bekannt als Paola Brunetti in den Fernsehfilmen der Serie nach Donna Leons Venedig-Krimis seit 2003

Britta Steffen (* 16.11.1983 in Schwedt/Oder), Schwimmerin, die bis 2010 19 Medaillen bei Olympiaden sowie Welt- und Europameisterschaften gewann

Kurze Geschichte der Uckermark

Als Gründungsurkunde für die Uckermark gilt der Vertrag von Landin aus dem Jahr 1250. Darin trat der Pommernherzog Barnim I. den brandenburgischen Markgrafen Johann I. und Otto III. Land in der Gegend von Wolgast gegen das Uckerland ab. Die Landnahme deutscher Siedler in diesem Gebiet wurde damit besiegelt. So entstand die Uckermark als ein zusammenhängendes Gebiet mit Prenzlau als Zentrum als – mit Unterbrechung allerdings – ein Teil der Mark Brandenburg. Richtig friedlich ging es an der Grenze zwischen Brandenburg und Pommern sobald nicht zu, zumal sich auch von Mecklenburg aus Begehrlichkeiten in Richtung Ucker richteten. Noch im Jahr 1993 musste ein Bürgerentscheid darüber richten, welche Orte künftig Teil des brandenburgischen Landkreises Uckermark sein sollten und welche nicht. So gehört heute die Stadt Strasburg (Uckermark) zu Mecklenburg-Vorpommern, während das ehemals zu Vorpommern gehörende Brüssow nun Teil der Uckermark ist. Die Region, die sich heute als Uckermark definiert, reicht fast in allen Himmelsrichtungen über den Landkreis hinaus.

Über die Ucker – der kleine Fluss war der Namensgeber der Region – gab es im Mittelalter eine heftig frequentierte Verbindung zur Ostsee. Prenzlau fühlte sich der Hanse nahe, ohne nachweislich jemals Mitglied gewesen zu sein. Die Stadt prosperierte, ebenso wie die kurze Zeit später folgenden Gründungen Angermünde und Templin. Feste Stadtmauern – in Templin noch sehr gut erhalten – zeugen davon. In der Uckermark meinte es die Natur gut mit den Menschen. Sie hielt Steine für wehrhafte Mauern im Überfluss bereit, Holz als Baumaterial und Energiequelle, Wasserkraft für den Mühlenbetrieb, fruchtbare Böden (teilweise jedenfalls), umfangreiche Weideflächen und fischreiche Gewässer. Von weither kamen Siedler und brachten neue Fertigkeiten mit. Unter ihnen auch Mönche und Nonnen. Vor allem die Zisterzienser schufen in den Wäldern der Uckermark wahre Musterwirtschaften.

Der Dreißigjährige Krieg beendete alle Aufbauarbeit. Auf uckermärkischem Boden fand zwar keine nennenswerte Schlacht statt, aber das Land war Durchzugsgebiet für alle Kriegsparteien. Immer wieder wurde es ausgeplündert und gebrandschatzt. Auch nach dem Krieg wurde es für das einfache Volk nicht besser. Der Adel nutzte das Elend, um aus ehemals freien Bauern Leibeigene zu machen. So entstanden große Gutswirtschaften mit einem Heer Abhängiger. Diese straffe „Ordnung" sollte sich bald auch als sehr vorteilhaft für die Rekrutierung des preußischen Heeres erweisen.

Es dauerte lange, bis die Ideen der preußischen Reformer aus der Zeit der Befreiungskriege auch in der Uckermark ankamen. Nur langsam konnte die absolutistische Herrschaft der Gutsherren aufgebrochen werden. Zwar entstanden wieder freie Bauernwirtschaften, der größte Teil des Landes befand sich jedoch in den Händen der meist adligen Gutsherren bzw. ihrer Pächter. Die meisten Dorfbewohner waren deren Knechte und Mägde. Die Namen zahlreicher Ortschaften gehen auf die Familiennamen der Landbesitzer zurück.

Auch die Bodenreform nach dem Ende des Zweiten Weltkrieges brachte nur kurzzeitig Hoffnung auf andere Verhältnisse. 15 Jahre später wurden die landwirtschaftlichen Betriebe in Genossenschaften vereinigt und wieder arbeiteten die Bauern nicht mehr auf eigener Scholle. Allerdings erfasste gleichzeitig eine umfangreiche Industrialisierung die Uckermark. In den Städten wurden Industrien angesiedelt und zahlreiche Arbeitsplätze geschaffen. An der Spitze dieser Entwicklung stand Schwedt/Oder, das sich in kurzer Zeit zu einem führenden Standort der Erdölverarbeitung und der Papierherstellung entwickelte. Während sich die großen Unternehmen auch nach der politischen Wende von 1989 als weltmarktfähig erwiesen, mussten Betriebe, die nur auf die Bedürfnisse der DDR-Wirtschaft ausgerichtet waren, ihre Produktion einstellen.

Die Uckermark ist dabei, sich eine neue Identität zu schaffen. Zurück zu den Ursprüngen lautet die Devise: Wiederherstellung und Bewahrung einer intakten Natur, leben und wirtschaften im Einklang mit der Umwelt, Schaffung eines vernünftigen Gegenentwurfs zum menschlichen Verschleiß in der Großstadt. Daher wirbt die Uckermark Gäste mit dem Versprechen: Wege zum Ursprung.

Wasser- und Windmühlen

Zu einer Zeit, als die Dampf-, die Verbrennungs- und die Elektroenergie noch nicht erfunden waren, konnten die Menschen nur auf Naturenergien zurückgreifen, wenn sie ihre eigene Arbeitskraft verstärken wollten. Das waren Wind und Wasser.

Die Landschaft der Uckermark bot sowohl für Wind- wie auch für Wassermühlen geeignete Voraussetzungen. Die vielen Hügel waren ideal, um die Windkraft einzufangen. Lange nach der großen Zeit der Windmühlen beweisen die vielen modernen Windkraftanlagen, welche Energie hier buchstäblich in der Luft liegt. Umso erstaunlicher ist die relativ große Zahl an Wassermühlen. Die Mühlenbauer vergangener Tage haben es geschafft, selbst aus geringstem Gefälle eine Energiequelle werden zu lassen. Sie haben Stauteiche angelegt, in denen das Wasser nachts gesammelt wurde, Wehre gebaut, mit deren Hilfe der Zufluss reguliert wurde, und Mühlgräben gezogen, die das Wasser auf das Mühlrad leiteten. So brachten Wassermühlen Eingriffe in die Landschaft mit sich, die noch heute sichtbar sind. Viele Wassermühlen entstanden mit Klostergründungen. Windmühlen kamen erst später.

Es sind aber nicht allein die von außen sichtbaren Anlagen, die den Besuch einer historischen Mühle so spannend machen. Auch das, was sich im Inneren abspielt, ist faszinierende Technik. Allein die Übertragung der Kraft auf den zentnerschweren Mahlstein mit Hilfe von hölzernen Wellen und Rädern gleicht einem Wunder. Der Besucher einer historischen Mühle lernt, dass ein Mahlgang nicht ausreicht, um feines Mehl zu erzeugen. Das Getreide muss erst gereinigt und das Mahlgut gesiebt werden, und erst nach vielen Verarbeitungsstufen kommt das Mehl in den Sack.

Historische Mühlen in der Uckermark

1. Klostermühle Boitzenburg

Erstmals 1271 erwähnt, gehörte die Wassermühle zum Nonnenkloster Marienpforte. In seiner heutigen Gestalt besteht das Mühlengebäude seit 1752. Zu Beginn des 20. Jahrhunderts hat die Wasserturbine ganz Boitzenburg mit elektrischem Licht versorgt. Bis 1959 wurde noch Mehl gemahlen. Seit 1979 ist die Mühle als Museum zugänglich. Der Museumsmüller und seine Gesellen führen durch die Mühle und setzen das Mahlwerk in Gang (siehe auch Seite 30).

2. Wassermühle Gollmitz

Hier dreht sich ein Wasserrad von 6 Meter Durchmesser. Im Mühlengebäude aus dem 18. Jahrhundert befindet sich eine produzierende Schauanlage. Die Wasserkraft wird hier zur Stromerzeugung genutzt.

3. Wassermühle Werbelow

Seit 1375 gibt es in Werbelow eine Wassermühle. Der ursprüngliche Fachwerkbau wurde später durch einen vierstöckigen Ziegelbau ersetzt, in dem die Transmissionsanlage und weitere Einrichtungen erhalten sind. 1981 wurde der Betrieb eingestellt.

4. Salvey Mühle

Die Zisterzienser haben vor rund 750 Jahren im Salveytal begonnen, die Wasserkraft zu nutzen. Es entstanden fünf Mühlen. Die Salvey Mühle war Getreide- und Sägemühle zugleich. Außerdem wurde elektrischer Strom erzeugt. Sie dient heute als Gästepension. Das Ensemble der Salvey Mühle mit dem erhaltenen Sägegatter und dem Mühlenfahrstuhl stehen unter Denkmalschutz (siehe auch Seite 121).

5. Turmwindmühle Zichow

Das Mühlengebäude beherbergt die vollständige Technik einer Getreidemühle. Allerdings fehlen die Flügel.

6. Holländermühle Greiffenberg

Von der ehemals imposanten Holländermühle sind nur noch Reste vorhanden. Ein Verein bemüht sich um die Wiederherstellung des Mühlenkörpers.

7. Casekower Walzmühle

Das zweistöckige Mühlengebäude der Wassermühle enthielt vier doppelte Walzenstühle. Derzeit wird eine Ausstellung mit Geräten und Haushaltsgegenständen aus der Landwirtschaft vorbereitet.

Quelle: Mühlenkarte Berlin und Brandenburg, Edition Terra

*Blick von der Schewdter Stadt-
brücke über die Hohensaaten-
Friedrichsthaler-Wasserstraße –
bis zur Oder und damit zur
Grenze sind es noch ca.
3 Kilometer.*

Ein Besuch in Polen

Ein Blick über die Oder ist immer auch ein Blick nach
Polen. Wie wäre es mit einem Tagesausflug ins Nachbarland?

Von der Uckermark führen zwei Straßen-Grenz-
übergänge hinüber. Der eine mitten in Schwedt, der
andere etwas entlegen in Mescherin. Wenn man die
Übergänge nur wenige Kilometer südlich (bei Hohenwutzen) und nördlich (bei Pomellen) hinzurechnet,
sind es sogar vier. Gemessen an den 13 Oderbrücken
vor 1945 im Gebiet der heutigen Uckermark ist das,
zugegeben, eine geringe Zahl. Die muss aber längst
nicht von einem Besuch jenseits der Oder abhalten.

Wie bei Flussgrenzen zwischen Staaten üblich, verläuft die Grenze zwischen Deutschland und Polen in
der Mitte. Entlang der Oder machen es die natürlichen
Gegebenheiten allerdings etwas komplizierter. Der Weg
nach Polen führt in jedem Fall über zwei Brücken. Entweder sind es – bei Schwedt – die Hohensaaten-Friedrichsthaler-Wasserstraße und dann die Oder, die über-
quert werden müssen, oder – bei Mescherin – die
West- und die Ostoder. Dazwischen liegt das bis zu vier
Kilometer breite „Niemandsland" der deutschen und
polnischen Schutzgebiete entlang der Unteren Oder.
Angesichts der engen Zusammenarbeit zwischen den
Schutzgebietsverwaltungen auf beiden Seiten spricht
man inzwischen gern vom „Internationalpark Unteres
Odertal".

Mit einem „kurzen Hinüberschauen" ist es aber
nicht getan. Der Ausflug ins andere Land wird zur längeren Wanderung oder zur Radtour. Wer zum ersten
Mal auf die polnische Seite kommt, wird staunen, wie
steil es hier hinaufgeht. Die Oderhänge haben es in
sich. Zur Belohnung gibt es dann unberührte Natur

soweit das Auge reicht. Als Radtour bietet sich die rund 35 Kilometer lange Strecke zwischen Schwedt und Hohenwutzen an. Sie startet an der Stadtbrücke in Schwedt und führt durch den Nationalpark zum Grenzübergang.

Auf polnischer Seite geht es auf wenig befahrenen Landstraßen durch Krajnik Dolny, Krajnik Gorny, Piasek, Cedynia und Osinow Dolny zum südlich gelegenen Grenzübergang an der Oder. Die Anreise erfolgt von Berlin mit dem Regionalexpress RE 3 bis Schwedt und die Rückreise von Bad Freienwalde mit der Regionalbahn OE 65.

Eine andere Tour auf die polnische Seite beginnt in Mescherin. Sie führt in die Gegend des Kohlekraftwerkes Unteres Odertal zu einem ganz speziellen Naturdenkmal. Zunächst geht es nach der Überquerung der beiden Oderarme nach Gryfino, eine Kreisstadt mit etwa 20.000 Einwohnern. Das St.-Georgs-Tor ist ein verbliebenes Indiz dafür, dass die Stadt einst über eine wehrhafte Stadtmauer verfügte.

Der rot markierte Wanderweg von Gryfino nach Mieszkowice führt in den Krummen Wald. Auf einer Fläche von ca. 1,7 Hektar wachsen rund 400 seltsam deformierte Kiefern. Ihr Alter wird auf etwa 70 bis 80 Jahre geschätzt. Man vermutet, dass die Bäume absichtlich so gestaltet wurden, um sie beim Bau von Möbeln, Schiffen oder Ähnlichem einzusetzen.

Wen es allerdings in die Großstadt zieht, unternimmt einen kurzen Tripp nach Szczecin. Mit dem Auto fährt man eine halbe Stunde, und selbst mit dem Rad ist diese Stadt voller Geschichte nur einen Tagesausflug entfernt. Schließlich werden auf der Oder auch Schiffsausflüge in die frühere pommersche Hauptstadt angeboten.

Ortsregister

Impressum

Uckermark. Ein Wegbegleiter
Erschienen bei Edition Terra, einer Marke der terra press GmbH (tp)
in Kooperation mit der Tourismus Marketing Uckermark GmbH (tmu)
mit freundlicher Unterstützung örtlicher Touristinformationen.
Beratung: Landesamt für Umwelt, Gesundheit und Verbraucherschutz, Brandenburg

© terra press GmbH
Albrechtstraße 18, 10117 Berlin, www.terra-press.de
1. Auflage 2011
ISBN 978-3-9812477-8-7

Konzept und Gesamtredaktion: Joachim Nölte (tp)
Märkischer Landweg: Marc Dannenbaum
Projektbegleitung tmu: Heike Zumpe
Fotos: Dannenbaum, Heimann, Nölte, Kappest (16), tmu, Nationalpark Unteres
Odertal, Mühlenvereinigung Berlin-Brandenburg, St. Höferer (1), Christian Pedant/
fotolia.com (S. 59, Moschusbock)
Karten: terra press GmbH
Layout, Gestaltung: terra press GmbH, Ilona Heimann, Victoria Rath
Druck: Druckzone, Cottbus

Bibliografische Information der Deutschen Bibliothek:
Die Deutsche Bibliothek verzeichnet diese Publikation in der Deutschen National-
bibliografie; die detaillierten bibliografischen Daten sind im Internet unter
http://dnb.ddb.de abrufbar.

Alle Angaben in diesem Buch wurden nach bestem Wissen recherchiert. Sollten sich
dennoch Fehler eingeschlichen haben, bedankt sich der Verlag für jeden Hinweis.

Kreisverkehr: Der Uckermark-Shuttle lädt zur Rundfahrt ein

Die größeren Städte der Uckermark – Prenzlau, Schwedt, Templin und Angermünde – sind durch gute und schnelle Zuganschlüsse mit Berlin verbunden. Sie sind aber auch durch regionale Buslinien untereinander verbunden. Die Fahrpläne von vier Buslinien wurden neuerdings so verknüpft, dass sogar eine Uckermark-Rundfahrt möglich wird.

Uckermärkische
Verkehrsgesellschaft mbH

Dafür wurden Linien der Uckermärkischen Verkehrsgesellschaft mbH (UVG) so miteinander verknüpft, dass man ohne umzusteigen durch die gesamte Uckermark, fahren kann. In einer Richtung startet der Uckermark-Shuttle in Templin und fährt über Prenzlau, Schwedt, Angermünde wieder zurück nach Templin. Und in der Gegenrichtung startet der Bus in Schwedt und fährt nach Prenzlau, Templin, Angermünde wieder zurück nach Schwedt. Um auch die nördlichsten Gebiete im Landkreis zu erreichen, werden zu den Ankunftszeiten des UckermarkShuttles in Templin die Abfahrtszeiten der Linien in Richtung Lychen und Fürstenwerder so angepasst, dass ein bequeme und unkomplizierte Weiterfahrt möglich ist.

Während der Fahrt können die Fahrgäste an verschiedenen Haltestellen aussteigen und von dort aus ihre Entdeckungstour durch die Uckermark starten. Die Rückfahrt ist dann zu einem späteren Zeitpunkt wieder von der gleichen Haltestelle möglich. An den Haltestellen, von denen aus man starten kann, wird auf touristische Sehenswürdigkeiten und Attraktionen hingewiesen. Während der touristischen Saison ab dem 24. April 2011 bis in den Oktober hinein wird der Uckermark-Shuttle mit einem Fahrradanhänger ausgestattet, so dass auch längere Fahrradtouren für ungeübte Fahrer kein Problem mehr sein werden.

Weitere Infos unter:
www.uvg-online.com oder
www.wirbewegensie.de

Die reine Fahrzeit für den UckermarkShuttle liegt bei ca. 3 Stunden und 45 Minuten bei einer Streckenlänge von 175 km. An den Bahnhöfen, insbesondere in Prenzlau und Angermünde, wurden die Anschlüsse von und zu den Zügen des Regionalverkehrs der Bahn berücksichtigt.